中外名人传记

影响孩子一生的中外名人传记

第四辑

孙中山

ZHONGWAI MINGREN ZHUANJI DISI JI SUN ZHONGSHAN

《中外名人传记》编委会　编著

全国百佳图书出版单位

时代出版传媒股份有限公司

黄山书社

图书在版编目(CIP)数据

孙中山 /《中外名人传记》编委会编著. —合肥:黄山书社,2021.5

(中外名人传记. 第四辑)

ISBN 978-7-5461-7363-4

Ⅰ. ①孙… Ⅱ. ①中… Ⅲ. ①孙中山(1866-1925)-传记 Ⅳ. ①K827=6

中国版本图书馆 CIP 数据核字(2021)第 086106 号

中外名人传记(第四辑)·孙中山 《中外名人传记》编委会 编著

出 品 人 贾兴权
责任编辑 朱莉莉
责任印制 李晓明 李 磊
装帧设计 钱志刚
出版发行 时代出版传媒股份有限公司(http://www.press-mart.com)
黄山书社(http://www.hspress.cn)
地址邮编 安徽省合肥市蜀山区翡翠路 1118 号出版传媒广场 7 层 230071
印 刷 合肥华云印务有限责任公司
版 次 2021 年 5 月第 1 版
印 次 2021 年 5 月第 1 次印刷
开 本 880mm×1230mm 1/32
字 数 110 千字
印 张 5.5
书 号 ISBN 978-7-5461-7363-4
定 价 12.80 元

服务热线 0551-63533706
销售热线 0551-63533761
官方直营书店(https://hsss.tmall.com)

前　言

名人，顾名思义，就是著名人物，他们在某一个或几个领域中做出了普通人不能做出的伟大业绩。他们都有着辉煌的成就，是成功的典范。名人取得成功的过程并不是一帆风顺的，例如大家熟悉的玄奘、华罗庚、居里夫人、爱迪生……他们克服了常人难以想象的困难，凭借义无反顾的品质和百折不挠的精神，历尽艰辛，才最终到达成功的彼岸。

青少年是早晨八九点钟的太阳，是含苞待放的花朵。在青少年成长的过程中，有着无数的可能性。汉代刘向说：“书犹药也，善读之可以医愚。”高尔基也说过：“书籍是人类进步的阶梯。”每读一本好书，都会对青少年产生深远的影响。每一位名人都是一座丰碑，是精神的引领者和行为的楷模。青少年通过阅读名人传记，可以在潜移默化中学习名人的精神，培养优秀的品质，为他们的健康成长提供强大的精神力量，让他们终身受益。

本套丛书分为 4 辑，收录了古今中外 28 位名人的人生故事。为了适合青少年阅读，本套丛书用简洁生动的语言，通过一个个活泼有趣的小故事，把这些名人的一生呈现了出来，具有很强的可读性。希望本套丛书能够给青少年以无尽的启发，成为陪伴他们健康成长的良师益友。

编委会

2021 年 4 月

目　录

第一章　少年孙中山

第二章　革命思想的萌芽

第三章　伦敦蒙难

第四章　继续流亡

第五章　百折不挠

第六章　继续革命

第七章 艰难困苦

第八章 成就伟业

第一章

少年孙中山

贫苦农家的孩子

爱思考的少年

看见外面的世界

叛逆的青年

贫苦农家的孩子

1866 年 11 月 12 日，广东省香山县翠亨村里，有一个男孩呱呱坠地。这里是一个风景优美的小村庄，全村人口不足百户，距离香港和澳门都很近。但是这里的土地并不适合耕种，农民生活很艰辛。加上这里的耕地多被地主占有，清廷政治腐败，地租和各种苛捐杂税让老百姓苦不堪言。男孩的父亲孙达成按照族谱排辈给孩子取名叫“德明”，小名“帝象”。据说孩子的祖母曾请算命先生为刚出生不久的孩子算命，算命先生说这个孩子有“帝王之象”，“帝象”这个小名就是由此而来。这个孩子就是中国革命的先行者孙中山。

孙家原本是书香门第，孙中山的祖父孙敬贤生于 1788 年，共有 3 个儿子，分别是长子孙达成、次子孙学成和三子孙观成。孙家到了孙敬贤这一辈，已经成了没有什么田产的农民，家中田产早已变卖干净，一家人过着困苦不堪的生活。

孙中山的父亲孙达成为生计所迫，在16岁那年到澳门去做了鞋店的学徒。3年学徒期满后，他在澳门板樟堂街一家葡萄牙人开的鞋店当鞋匠，每月的薪水只有4元钱。他辛辛苦苦地工作，在澳门总共待了16年，才攒了一些钱，回到家乡娶妻生子。由于家里人口众多，孙达成的两个弟弟赴海外谋生。1864年孙学成不幸在上海附近的洋面上遇难，1867年孙观成死于美国加利福尼亚州的淘金矿区，所以孙达成夫妇除了要供养母亲、养育孩子之外，还要照料弟媳，全家的重担都在孙达成一人身上。

1866年孙中山出生时，家中已经有一个哥哥孙眉，谱名德彰，号寿屏，还有一个姐姐孙妙茜。由于家庭穷困，孙中山很小就要参加劳动，每天早上带上几个白薯，跟着姐姐孙妙茜到田间种地，或到山上打柴、割草。年龄再大一些，孙中山又下田插秧、除草、打禾、放牛，有时还跟随外祖父驾船出海捕鱼。哥哥孙眉在家乡只读了4年书，就到离家10里之外的地方给人做长工。生活如此艰辛，平时一家人仍然吃不饱穿不暖。

1871年，16岁的孙眉跟随舅父杨文纳一起去夏威夷的檀香山谋生。由于家里太穷，路费都筹措不到，还是二婶程氏将自己名下的两亩田地抵押给别人，孙眉才勉强凑够路费。孙眉起初在当地华侨的菜园里工作，后来与人合伙在茂宜岛开垦荒地，种植水稻。经过艰辛创业，几年后，他已有土地约6000英亩，雇工100多人。加上为人豪爽，处事果断，孙眉很快富裕起来，享有极高的声望。

爱思考的少年

少年的孙中山生性活泼好动，放风筝、踢毽子，各种游戏他都爱玩。淘气的他还常常爬到大树上用石头掷小鸟、掏鸟蛋。伙伴们见他活泼好动，而且用石头打东西非常准，便给他起了一个绰号叫“石头仔”。

由于哥哥孙眉在檀香山辛勤劳作，有了一些积蓄，不断地寄钱回来，孙家的日子渐渐好过起来，手头也宽裕多了。哥哥孙眉非常重视弟弟的教育，特意叮嘱家人一定要让孙中山上学，于是父亲决定送孙中山进私塾读书。

私塾设于翠亨村的冯氏宗祠内，老师姓王。孙达成带着孙中山来到私塾，王老先生看着孙中山说：“这孩子不小了，早就该上学念书啦！”

孙达成有些惭愧地说：“因为家里前些年实在太穷，这才耽误孩子念书了！”

王塾师问是否有学名，孙达成忙答道："孩子小时候取了名字，但没有正式的学名，就请先生给起个学名吧！"

王老先生见孙中山长得十分文静秀气，就说："你把孩子送来读书，孩子的大名就叫孙文吧。你看怎么样？"

孙达成忙谢谢先生，还拉过孙中山说："帝象啊，快给孔圣人和王老先生行大礼！"从此，孙中山进入村里的私塾读书。

那时王老先生给孩子们教授《三字经》《千字文》《幼学琼林》以及"四书""五经"等。王先生非常严格，因此对读书勤奋、成绩突出的孙中山格外喜欢。

孙中山一天天地长大，对许多事情都有自己的思考。慢慢地，他明白了很多道理，也对当时的很多现象十分反感。比如缠足这个陋习，孙中山从小就深恶痛绝。

缠足是当时女孩子普遍要接受的一种陋习。女子从七八岁开始缠起，阻止脚部发育，让整个脚变成“三寸金莲”，以迎合当时男性畸形的审美观。一天，母亲请来了村上缠脚的阿婆，给孙中山的小妹秋绮缠脚。很快，隔壁卧室里就传来了秋绮的哭喊声。孙中山听见妹妹的哭喊十分心痛，他拼命地阻拦。他十分不安地问：“这实在太痛苦了，为什么要把好好的脚弄坏？”母亲却说：“这是祖上传下来的规矩啊，不然日后人家会笑话她是大脚丫头，她嫁不出去，会埋怨我的。”孙中山说：“可是祖上的东西就一定对吗？脚坏了，连路都不能走，妹妹以后怎么办呢？阿妈你想想，你年纪还不大，也没有老，走路为什么要用拐杖呢？就是因为你的脚被缠坏了，所以没法好好走路啊！”母亲便生气了，要把孙中山赶出去：“你不要再胡说了。这是女人家的事情，你不要瞎掺和，赶快睡觉去吧！”说完，关上了房门。

屋里传来妹妹秋绮撕心裂肺的喊叫声，孙中山心里非常难受。小小的他躺在床上，想着这些奇怪的事情。虽然他的抗争并没有改变妹妹被缠足的命运，但妹妹孙秋绮生前每每回忆起此事，都对哥哥充满了感激。

当时村里外出闯荡的人很多，许多人都去了檀香山。孙中山的哥哥孙眉和村里其他人在那里站稳了脚跟，人们都说那儿很容易谋生，只要吃苦耐劳，就能发财。这些议论使孙中山十分向往外面的世界。他经常向自海外回乡的人打探檀香山等地的风俗，想到那吸引人的土地上去看一看。他想知道天下究竟有多大，外面的世界和中国到底有什么不同。

看见外面的世界

夏威夷位于太平洋中部，是著名的海上中转站，它本来是个独立的岛国。1795 年，夏威夷酋长卡美哈梅哈统一了整个夏威夷群岛，并自称夏威夷国王。后来，许多西方人也来此定居。在列强瓜分世界的狂潮中，夏威夷利用强国之间的矛盾，艰难地保持着独立。1842 年 12 月，美国总统泰勒在致国会的咨文中提出，要保证夏威夷群岛的独立。1843 年 11 月，英、法两国签署了一项协定，共同保证夏威夷领土主权的完整和独立。1849 年，法国政府宣称拥有部分夏威夷的主权，这引起了夏威夷居民的强烈反对，同时也引起了美国的不满。

1875 年，美国和夏威夷签署《美夏互惠条约》，美国的势力在夏威夷逐渐占据上风。美国两次动用武力逼迫夏威夷让步，并出兵占据了珍珠港。1893 年，住在夏威夷的美国侨民在美国海军陆战队的支持下发动政变，推翻了利利沃卡加尼女王的统治，并于1894年宣布成立“夏威夷共和国”，推举美国人多尔为总统。1898年，美国国会以两院联合决议的形式通过了兼并夏威夷的决议，夏威夷正式成为美国领地，多尔被任命为第一任夏威夷总督。因为首都火奴鲁鲁盛产檀香木，所以被华人称为檀香山。

孙中山12岁那年，在檀香山打拼多年的哥哥孙眉回到了家乡。此时的孙眉不但成了巨富，而且熟悉西方文明，谈吐见识早已今非昔比。经过几年的打拼，孙眉经营的农场有声有色，受到了夏威夷政府的青睐。那时，夏威夷糖业生产发展迅速，急需大批劳力，因而在1878年6月回国前，孙眉申请了夏威夷政府的特许状，打算招募华人来檀香山发展糖业生产。

这次孙眉回乡，一是应父母之命与同乡姑娘谭氏结婚，二是准备招募一批乡亲前往檀香山，帮自己打理农场。孙中山请求父母同意让他跟兄长一起去国外闯荡，但父亲坚决反对。父亲因为自己的两个弟弟死在海外，又觉得长子虽然在外面风光，但毕竟是离乡背井，所以不同意小儿子再离开家。孙中山只好失望地看着哥哥孙眉带着招募的一百多人离去了。

第二年，孙眉的同事雇了一艘英国铁壳汽船“格兰诺克”号，到澳门载运中国侨民。孙眉捎来口信，请父母到檀香山养老。孙达成年事已高，无意远行。孙中山再次向父母提出要求，想搭乘此船去檀香山。孙达成思虑再三，认为也该让小儿子出去见一下世面，于是决定让妻子带着孙中山一起去檀香山，一来可以探望大儿子，二来也可以照应小儿子。

这年 5 月 2 日，13 岁的孙中山跟着母亲，先乘帆船到澳门，再由澳门搭乘英国轮船“格兰诺克”号前往檀香山。孙中山跟着妈妈第一次乘船漂洋过海，感到非常兴奋。船在大洋中航行了 20 多天。这天，海面上出现了成群的海鸥，它们叫着、飞翔着，十分热闹。孙中山听见水手们说：“海鸥出现，证明快到陆地了。”船又行驶了一会儿，孙中山兴奋地喊道：“我看到陆地了！”果然，船的前方渐渐出现了一片陆地，地平线上已经望得见教堂的尖顶和大片的树林。

“格兰诺克”号放缓了速度，慢慢地靠近码头。码头上十分热闹，穿着不同服装的人们来来往往。孙眉也挤在前来迎接旅客的人群中，找寻着从未出过远门的妈妈和弟弟。孙中山早已看见哥哥，抢先跨上跳板，向孙眉扑去，兄弟二人高兴地拥抱在一起。

对于母亲和弟弟的到来，孙眉十分高兴。他陪着母亲和弟弟在岛上游览，参观自己的工厂、商店。这里住着当地的土著和移居来的白人、黑人，最多的还是脑后拖着长辫的中国人。语言也是五花八门，有汉语、英语，还有听不懂的当地人的土语。虽然那时的檀香山处于早期开发的状态，但是建筑整齐、街道清洁，人们的生活井然有序。孙中山看到了异国大地上的新奇景物，感受到了这里的美丽富饶。对他来说，檀香山的一切都充满了新鲜而奇异的色彩。

孙中山与母亲被安置在爱槐镇的一所住宅中，过了不久，思家心切的母亲返回了家乡，孙中山被安排在哥哥开的米店里帮忙。孙眉希望比自己小 12 岁的弟弟能与他一起打理海外的事业，于是让孙中山协理店务，学习记账、珠算和当地楷奈楷人的方言。孙中山对做买卖毫无兴趣，向哥哥提出去上学的想法。

孙眉觉得上学是非常好的事情，对弟弟的请求欣然应允。不久，孙中山进入檀香山意奥拉尼学校读书。孙中山在这所学校读了 3 年。这所学校里的课程很多，有圣经、历史、文学，还有生物、地理、数学等科目，比起孙中山在翠亨村只读“四书”“五经”要丰富多了。学校的教师几乎全为英国人，收费也高于其他学校，每年学杂费要 150 美元，这在当时是一笔很大的数目。

意奥拉尼学校在一年前才开始招收侨居檀香山的中国儿童入学，这里的学生大都是土著和白人，学生来自世界各地，穿着各式各样的民族服装，中国侨民的子弟并不多。中国学生一般身着长袍，脑后拖着长长的辫子，这种装束常常受到一些外国学生的嘲弄。有一次，几个同学使劲拽住孙中山的长辫，喊着“猪尾巴”“马尾巴”，孙中山不甘受辱，不顾自己比他们年龄小，扑上去和那些人打了起来。从此，孙中山对长辫深恶痛绝。

有一次放学回家，他拿起剪刀要剪掉辫子，结果被孙眉拦下。大哥训斥说：“蓄发是我们祖宗传下来的规矩，你剪掉如何对得起列祖列宗？”孙中山反问：“外国人不蓄辫子，不是也很文明吗？”大哥又说：“你剪掉了辫子，将来如何回家乡？”孙中山想着将来还要回去看望父母，没有坚持到底，只得依然留着辫子。

从这时起，孙中山的思想发生了一些变化。他经常向周围的同学表示敬佩太平天国的起义英雄，并对清政府极为不满。一天晚上，他和同学聊天时愤然发问：“为什么清朝皇帝可以妄称天子，而且视百姓为蚁虫？”

叛逆的青年

1882 年 9 月，哥哥孙眉宣布将自己一半的财产赠给弟弟孙中山，因为孙中山考了英文文法第二名，在毕业典礼上由夏威夷国王亲自颁发奖品，孙眉觉得这是家族莫大的荣耀。从意奥拉尼学校毕业后，孙中山本打算继续求学，但孙眉在茂宜岛开垦了很多土地，事业迅速发展，急需弟弟做帮手，孙中山只好回到农场帮忙打理生意。几个月后，孙中山按捺不住继续求学的愿望，跟哥哥商量后，再次去了檀香山，进入当时夏威夷的最高学府——美国人办的欧瓦胡学院——的大学预科班学习。

进入大学后，孙中山接触了更多的新思想，哥哥孙眉感觉弟弟越来越不服管教，这让孙眉十分头疼。更让他生气的是，弟弟居然要信基督教。这一举动遭到孙眉的强烈反对，他甚至因此而后悔把弟弟送到这所学校。他经常为此责骂孙中山，因为在他的观念中，中国人要尊重传统，不应该受基督教影响，应该好好念书，将来才能出人头地。

孙眉非常关心弟弟的学习。一天，他走进弟弟的房间，看到桌上堆放了许多书籍，有许多华盛顿、林肯的传记之类的书。他生气地对孙中山说："弟弟，你怎么能读这些无用的书啊！"

孙中山十分不高兴地回答道："华盛顿、林肯都是有作为、对世界有贡献的人，怎么能说这些是无用的书呢？""可是我们是中国人，要老实本分，只要学会做生意，过好自己的日子就行了。"哥哥苦口婆心地劝他。孙中山反驳说："中国正是因为太落后了，才要发展，中国人才要读书。只有让中国像欧美国家一样强大起来，中国人才能不受别人欺负！"

那时候在农场里，如果有人生病，大家就按照惯例，在关公像前烧香祈祷。有一次，大家正在祈祷，孙中山快步走过来，将挂在厅堂的关公像一把扯下来，他大声说："关云长只不过是三国时代的一个历史人物，他死后怎能替人们消灾治病呢？生了病就应该请医生来治才是。"员工们都被吓了一跳，又很愤怒，说孙中山"无君无父，扰乱场规"。他们一起找孙眉告状，并说如果不惩罚孙中山，他们就要辞职。

孙眉十分为难，他本来想让弟弟多读点书，将来好打理自己的生意，可是没想到弟弟受了外国教育，变得如此叛逆。在檀香山，孙眉其实就是孙中山的监护人，看见弟弟这个样子，他很怕父亲会责怪他没有管好弟弟，于是暗地里通报父亲，要把弟弟送回家，希望父亲严加管教。所以在 1883 年 7 月，16 岁的孙中山结束了自己第一次海外求学生涯，从檀香山起程回到家乡。尽管孙中山还想继续求学，但他只是个孩子，不得不服从家人的安排。

回到阔别几年的家乡，乡村中的旧习俗和乡人的愚昧、迷信依然是一成不变，地方官吏也依然腐朽而凶残。在檀香山接受了4年多西方教育的孙中山，对世界已经有了不同的认识，眼界也更加开阔，他看不惯那些旧有的陋俗，决定改变乡亲们的观念。

孙中山决定从破除迷信开始。翠亨村的北帝庙是村民心中极为神圣的地方，因为里面供着北帝和金花娘娘的神像。平时，不断有人到此烧香磕头，每逢过年过节，这里都要大办庙会，求神消灾降福。

有一天，孙中山和好友陆皓东等一些伙伴一起，走进了村里的北帝庙。见到庙里的神像，有人提出要向神像跪拜，孙中山却走近神像，把北帝像的手指折断了，还说："你们看，我把北帝的手指折断了，他不过是雕塑，怎么能保护我们?"陆皓东则跳上供桌，用小刀刮掉了金花娘娘脸上的一块油彩。在场的乡民们如五雷轰顶，一个个吓得呆若木鸡。过了一会儿，人们开始骚动起来。孙中山则拉着陆皓东跳下神台，推倒供桌，与小伙伴们一起离开了。乡绅们立刻找到孙、陆两家，兴师问罪。因为他们认为这些年轻人"大逆不道"的行为亵渎了神灵，翠亨村马上就要被神惩罚。孙中山的所作所为也使父母痛苦万分，他们对送儿子去外国上学一事后悔不已，认为是洋教使儿子发了狂。村里的豪绅和村长来到孙中山家中，向孙达成提出三条要求："第一条，把孙中山驱逐出香山；第二条，由孙家修好北帝君和金花娘娘的神像，诚心供奉；第三条，孙家必须在全村张贴忏悔书，承认教子不严、纵子闯祸之罪。"

孙达成也认为孙中山闯了大祸，为了平息村民们的愤怒，他拿出十两银子修复神像，又命孙中山暂时离开家乡前往香港，以免再惹是非。和孙中山一起闯祸的陆皓东也只好前往上海读书。

第二章

革命思想的萌芽

波折的求学经历

立志推翻朝廷

开设药局行医

开始革命运动

为共和革命奋斗

青天白日旗

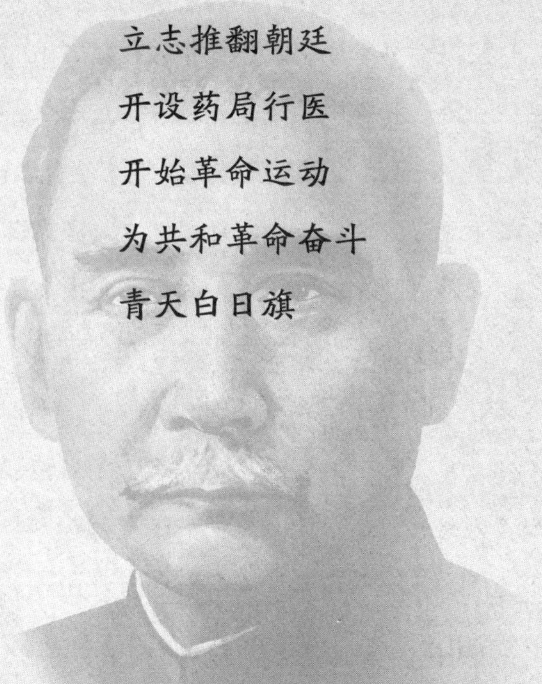

波折的求学经历

1883 年 11 月，孙中山到达香港，进入英国基督教圣公会开办的中等学校拔萃书室读书。当年年底，孙中山的好友陆皓东从上海赶到香港，和孙中山成了同窗。没过多久，孙中山和陆皓东在牧师的主持下，正式接受洗礼，成为基督教徒。课余时，孙中山还跟随道济会堂长区凤墀补习国文。区凤墀曾在德国柏林大学教授汉语，能文善辩。入教时，孙中山在受洗登记册上署名为“孙日新”，来源于《大学》中的“苟日新，日日新，又日新”。区凤墀又根据谐音，为孙中山取了“逸仙”这个号。

1884 年 4 月，孙中山又以“孙帝象”之名转到香港中央书院（后改名为维多利亚书院、皇仁书院）就读。中央书院建于 1862 年，是香港第一所由英国当局办的官立中学。学校的宗旨是沟通中西文化，校长、教员均来自英国著名大学，思想开放。在这里，孙中山更加勤学好问。由于孙中山涉猎群书，知识广博，所以被同学们誉为“通天晓”。

远在国外的哥哥孙眉得知弟弟在家乡“亵渎神灵”，以及在香港接受洗礼的情况后，非常生气，想要管教一下这个不听话的弟弟。孙眉左思右想，觉得只有先让孙中山成家，才能收住他的心。他立刻汇款数百元回乡，嘱告家中速为孙中山办理婚事。1884 年 5 月 26 日，不足 19 岁的孙中山奉父母之命回到家乡，与商人卢耀显的女儿卢慕贞结婚。卢慕贞生于 1867 年 7 月 30 日，比孙中山小 1 岁。举行婚礼后，孙中山在家里住了 3 个月，之后又回香港读书。

1885 年前后，在孙眉去檀香山的第 6 年，他的事业达到了顶峰，拥有 1000 多亩的牧场，还有数千头马、猪、牛和上万只鸡，全由雇工照顾。孙眉想把弟弟留在身边管教，就借口自己的农场需要人手，让孙中山来帮自己。孙中山的父母也希望他循规蹈矩，好好学做生意，将来光宗耀祖。于是孙中山再次前往檀香山，帮助哥哥料理生意。可是他对做生意实在不感兴趣，做事很不专心。孙眉气得把弟弟打了一顿，并要索回之前赠给弟弟的财产以示惩罚。让孙眉吃惊的是，孙中山立刻将那份财产还给孙眉，并随同大哥到律师处办妥了退还手续。

几个月后，孙中山还想回香港继续上学，但孙眉拒绝给他旅费。1885 年 4 月，孙中山找自己以前的老师芙兰蒂文借了 300 美元，买船票回到香港。1885 年 8 月，19 岁的孙中山回到香港中央书院复学。弟弟走后，孙眉感到十分后悔，他觉得自己对弟弟做得太过分了。他先后多次寄钱给父亲孙达成，让父亲把钱给孙中山，作为他继续求学的学费。

从香港中央书院毕业后，孙中山决定学医。他也曾想学习军事或法律，但没有找到合适的学校。1886年秋，20岁的孙中山通过在檀香山结识的牧师喜嘉理介绍，进入广州博济医院的附设医科学校，即南华医学堂学医。

当时，因为中国社会风气还十分保守，学校的妇科只许外国男学生临床实习，而中国男学生则被拒绝在外。孙中山径直找到校长嘉约翰建言："学生毕业后行医救人，遇有产科病症也要诊治。为了使学生获得医学技术，将来能对患者负责，应当改变这种不合理的规定。"这项建议很快被校方采纳。原来学校是男女合班上课，但男女生分开坐，中间挂着帐子相隔，也是在孙中山的建议下，学校撤除了这道幔帐。

在南华医学堂学习期间，孙中山结识了两个志同道合的朋友：一个叫尤列，他游历过许多地方，对清政府的昏庸腐败痛恨不已，和孙中山一见如故；一个叫郑士良，他少有大志，习过武术，曾在德国教会办的礼贤学校就读，也信奉基督教，毕业后进入博济医院学习，他是接受孙中山救国思想宣传的第一个人。

孙中山上学期间除了学习医学知识，还广泛涉猎中西文化，特别喜欢《物种起源》和《法国大革命史》等书，希望能够从中找到解决中国革命问题的钥匙。课余时间，孙中山非常喜欢看地图。他将大幅中国地图挂在宿舍的墙壁上，经常躺在床上细心观看、研究，每当有朋友、同学走进寝室时，他常常指着地图感叹祖国纵有大好江山，却民不聊生。

孙中山的宿舍里放了一套《二十四史》，有同学认为他这套书只是摆设而已，孙中山并未申辩什么。直到有一天，同学何允文随意拿出一本书问其中某一处内容，孙中山对答如流，连试数册，均是如此，同学们这才大为叹服。

立志推翻朝廷

1887 年 9 月，孙中山转入香港西医书院读书，教务长康德黎博士很器重孙中山。在西医书院的几年中，孙中山为了结交有识之士，共同寻找救国真理，探索革命道路，就利用课余、假日，在香港、澳门两地频繁往返。在香港求学时，他还很注意对香港社会进行实地考察，观察香港的社会状况和市容市貌，并与家乡及内地的情况加以对比，这启发了他进行革新和革命的思想。孙中山自己也曾说："于大学毕业之后，即决计抛弃其医人生涯，而从事于医国事业，由此可知我之革命思想，完全得之于香港也。"

这一时期，杨鹤龄、尤列和陈少白等人与孙中山志趣相投，经常在一起大谈反清言论。尤列从南华医学堂毕业后，在香港任华民政务司书记，到达香港之后，他便去拜访孙中山。朋友相见，分外高兴，两人谈得更来劲了。有一天，尤列好像想起什么，拉住孙中山的手就往外走，说："我带你认识个好朋友。"他带着孙中山来到歌赋街，进了一家名叫"杨耀记"的商店，指着一个人介绍说："这是我在广州算学馆的同窗杨鹤龄。"接着，他把指向杨鹤龄的手又转向了孙中山："这是我的好友孙文。"孙中山与杨鹤龄都没说什么，两人对视了一眼，一齐哈哈大笑起来。尤列看看孙中山，又看看杨鹤龄，恍然大悟道："原来你们早已认识。"

陈少白则是在孙中山的老师区凤墀介绍下与孙中山相识的。陈少白在广州格致书院就读，一次有事要去香港。临行前，区

凤樨对他说：“你去香港，我可以给你介绍个人，你一定与他很合得来的。”区凤樨写了封介绍信。陈少白到了香港，一办完事就去西医书院找孙中山。孙中山见是区老师介绍的朋友，又与陈少白谈了一会儿，感觉他风度翩翩，而且有着不凡的谈吐和敏捷的才思，这让孙中山十分佩服，他很高兴结识这位新朋友。

孙中山、尤列、杨鹤龄与陈少白四个人志趣相同，又具有共同的志向抱负，孙中山便提议立约盟誓，以表达共同革命的坚定信念。孙中山的提议得到了其他三人的一致赞同。尤列提笔起草了一篇誓词，其他三人看了都觉得满意，于是由陈少白用白纸誊正。

签过名后，四人整肃衣冠，点燃香烛，同时对天盟誓。仪式虽然简单，却十分严肃。宣誓完毕，四人又到西医书院拍照留念。

后来这件事被杨鹤龄的哥哥听说了。他便生气地对弟弟说：“鹤龄，你们四人在搞什么名堂！你们遮遮掩掩地谈论推翻朝廷的事，简直就是‘四大寇’！万一被朝廷知道了，那可是要杀头的。”

孙中山从杨鹤龄那里得知此事，却很是坦然，他说：“洪秀全揭竿起义，失败后被清廷贬称为寇。我们四人志向和洪秀全一样，我们就是‘反清四大寇’。这没什么好害怕的。”从此，“四大寇”的称呼就在他们的亲戚朋友中传扬开来。

开设药局行医

孙中山父亲孙达成病重，哥哥孙眉回老家侍奉。1888 年 3 月 24 日，孙达成病逝，孙中山赶回家中奔丧。兄弟两人相见，早已忘记了以前的恩怨，言归于好。孙眉对弟弟呵护备至，凡其所需学费，都毫不犹豫地供给，使孙中山能够全神贯注于学业而无后顾之忧。西医书院五年半的读书生涯是孙中山生活较为稳定的时期。

1892 年 7 月 23 日，孙中山从香港西医书院毕业。据西医书院成绩簿记载，书院从创办到 1913 年停止招生并入香港大学为止，在统考的 12 门科目中，获得 10 门以上荣誉成绩的只有两位，孙中山是其中之一，而综合成绩最优异的是孙中山。鉴于他在校学习成绩突出，当时的香港总督威廉·罗便臣亲自写信给英国驻北京公使，托该公使向直隶总督北洋大臣李鸿章举荐孙中山和与他同届毕业的另一个同学江英华一起到北京任职。

香港西医书院是曾留学英国的何启博士为纪念亡妻而创办的，所以书院采用了英国医科大学五年学制，而且西医书院有四个名誉赞助人，其中一位是清朝重臣李鸿章。李鸿章看到是香港总督亲自举荐，便复函给罗便臣，同意孙中山与江英华“来京候缺，每人暂给月俸50元”，并欲授予“钦命五品军牌”。

孙中山在老师康德黎的陪同下，到广州向两广总督领牌，准备接受任命，并认为可以借这个机会前往京师，宣传革命道理。但总督衙门百般刁难，要孙中山填写三代履历才可领牌。孙中山本来就对清廷官僚的腐败深恶痛绝，一气之下，拂袖返回香港，不再领牌。

孙中山从西医书院毕业后，原本想开一家药房，但康德黎听说后，特地把他找去，很诚恳地劝说：“你是我们学校第一届毕业、最优秀的学生。医生的地位很高，而开药房等于是在做买卖，是有失体面的。你不应该做这种事情。”孙中山接受了恩师的建议，改变了自己的计划。1892年9月，孙中山应澳门镜湖中医院邀请，去那里挂牌行医。

镜湖中医院是华侨办的中医医院，孙中山建议他们兼用西医，引进先进技术，实行中西医结合。这个意见被院方采纳，这也是我国创建中西医结合医院的开始。

为了开展医药事业，孙中山向镜湖中医院借了几千两白银。当年12月18日，孙中山在澳门大街仁慈堂附近开设中西药局，自己单独行医。孙中山医术高明，尤其擅长外科和治疗肺病，服务态度认真，待人亲切。那时慕名前来求诊的病人非常多，遇上大的手术，康德黎老师还亲自从香港来澳门指导。但在1893年春，孙中山托葡籍友人向澳门当局申领行医牌照被拒绝，在澳门行医的事业遇到了阻力，他被迫移居广州，开设了东西药局。

没想到移居广州不到两三个月时间，孙中山声名鹊起，开设的药局生意兴隆。孙中山的名声在广州很快就传开了，来求医的人很多，甚至还有人称他为“活菩萨”。同时，他也结交了各种各样的人，为日后从事革命运动打下广泛的基础。

开始革命运动

1893 年冬，康有为在广州设万木草堂收徒讲学，与孙中山常去的西所双门底圣教书楼相距甚近，康有为也常到书楼购阅有关西学的翻译书籍。孙中山托人向康有为表示希望拜访结交，但康有为希望孙中山拜他为师，孙中山拒绝了。

这期间，孙中山约集郑士良、尤列、陆皓东、陈少白等酝酿组织革命团体，定名为兴汉会，政纲是："驱除鞑虏，恢复华夏。"这时孙中山的革命思想，只是以汉人统治来取代清朝的腐朽统治。他自己说过这个时期"实则为革命运动之开始也"。

1894 年初的某一天，在香港的陈少白突然接到药房的信，说孙中山失踪了，药房账上只剩十几块钱，入不敷出。接到信后，陈少白赶忙来到广州，替孙中山主持店务。16 天后，孙中山才露面。原来，孙中山在春节前就回到翠亨村老家闭门拒客，埋头十多天，写出了《上李鸿章书》。

在清末腐朽的官场中，时任直隶总督、北洋大臣的李鸿章相对来说比较开明。孙中山上书李鸿章，并不是一时冲动之举，而是经过深思熟虑的结果。当时李鸿章打着了解西方的旗号办理洋务，使不少人将希望寄托在他身上。孙中山的老师康德黎甚至将李鸿章形容为“中国的俾斯麦”。孙中山把清王朝看成是异族人的朝廷，因而希望能在汉族高官中寻找改革的推动者，而李鸿章是最合适的人选。

李鸿章是革新派的代表，又是西医书院的名誉赞助人，这使孙中山在内心深处对李鸿章产生了一定的亲近感，认为他是推行改革方案最合适的人选。在给李鸿章的信中，孙中山首先申明自己的不凡抱负和知识背景：自己从小游学外国，学习了外国的先进知识，而且特别留意外国的富国强兵之道。接着，他提出并详细解释了四条富强中国的措施，即人能尽其才，地能尽其利，物能尽其用，货能畅其流。孙中山在信上说，如果清政府采纳这些主张，以中国人民的能力，实行新法，要不了20年，中国必能超越欧洲。《上李鸿章书》表露了青年孙中山慷慨激越的爱国热情和对西方资本主义文明的向往，抒发了他爱国爱民的赤子情怀。

上书李鸿章是一件不容易的事情，对青年孙中山而言也非常重要。作为平民，怎么才能接近朝中重臣李鸿章呢？孙中山首先找已经卸任的澳门海防同知魏恒，请他写信把自己介绍给在上海的盛宙怀。盛宙怀的堂兄是李鸿章的亲信盛宣怀，孙中山想通过盛宣怀拜见李鸿章。

1894年6月，孙中山到达天津，按照计划通过盛宙怀找到了盛宣怀。盛宣怀读了孙中山给李鸿章的上书后，对孙中山很有好感，就想带他去拜访李鸿章。当时中日战争即将爆发，李鸿章正忙于练兵，当他听说孙中山是个20多岁的医生时，便说："这样年轻的医生也懂治国？真是天大的笑话！"盛宣怀虽竭力推荐，李鸿章还是拒不接见，也不愿意看孙中山写的是什么，就交代手下："这事先搁着，等打完仗以后再说吧。"

这次求见李鸿章没有达到孙中山预期的效果，使孙中山对改良救国不再抱有任何幻想，从此踏上了革命救国的道路。

为共和革命奋斗

1893 年，美国移民在夏威夷发动政变，夏威夷女王被逼退位，君主制已变成了共和制。1984 年，怀抱“改良祖国”大志却报国无门的孙中山在檀香山华侨圈中揭露清王朝的腐朽残暴，倡议集结团体，共谋救国大计。这次距他上次离开檀香山已有 10 年时间，他在当地发动华侨支持革命，但响应者寥寥。然而他没有灰心，依然不停地进行革命宣传。

1894 年 11 月 24 日，在孙中山的积极推动下，何宽、李昌、刘祥、钟宇、程蔚南、郑金、黄亮、许直臣、宋居仁等 20 余名进步华侨在何宽家里召开了大会，孙中山为会议主席，他提议将这个以反清为目的的组织定名为“兴中会”。

会议通过了孙中山草拟的《兴中会章程》，宗旨是“驱除鞑虏，恢复中华，创立合众政府”。《兴中会章程》抨击清王朝昏庸误国，造成了严重的民族危机，申明该会以“振兴中华，挽救危局”为目标。兴中会完全不同于反清的旧式会党，是一个以在中国开展资产阶级民主革命为目标的政治集团。会议推选刘祥、何宽为兴中会首任正、副主席。然而不久，刘祥便退出了兴中会。

兴中会的初期任务是宣传其宗旨，吸收新的会员，为革命募集捐款。虽然宣传工作很有成效，在不长的时间里，入会的总人数已有 200 多人，但募捐进行得并不理想。会员大多都不富裕，除了交纳 5 元的会费外，都没有能力实现章程中规定的“义捐”，一个月下来，所得款项只有 1388 元。

在此关头，此前一直阻挠弟弟进行革命活动的孙眉慷慨解囊，十分支持弟弟从事革命。他以极低的价格卖掉了一部分牲畜，并以当地华人首富的身份，带动周围 20 多人共同捐助革命。

1894 年，中日甲午战争爆发，中国的海军和陆军连吃败仗，日军已侵入中国东北。清军屡败、京畿告急之际，清廷集中力量应付日本的进攻，自顾不暇。孙中山在上海的好友宋耀如认为，这正是举行反清革命的天赐良机，急忙写信给孙中山，催促他回国发动起义。

宋耀如出生于海南岛文昌县的一个商人家庭，毕业于美国一所神学院，回国后在上海任基督教牧师，是一个虔诚的基督徒。1892 年，他弃教职入股经营美华印书馆，还在福丰面粉厂任经理，此外，他还参加了反清组织三合会。1892 年，他为创办基督教青年会来到广州，经陆皓东介绍与孙中山结识，两人志同道合，一见如故。孙中山与宋耀如在思想、经历等方面，有着共同之处。他们都是广东人，都受过西方教育，都能说一口流利的英语，都受过基督教的洗礼，都有炽热的爱国思想，都有反清革命意识。宋耀如是孙中山早年的挚友和热情的革命支持者之一。孙中山长年流亡海外，为革命事业奔走，宋耀如则在国内一直暗中配合革命党人，做了许多革命工作。

孙中山看了宋耀如的信后，觉得颇有道理，同时认为在距中国万里之遥的檀香山等地建立革命组织有些“鞭长莫及”，于是他想到了邻近广州的香港。从香港到广州，可以北上武汉，进入中国腹地，义旗一举，八方响应；香港与国际联系的渠道四通八达，加之香港是英国的殖民地，能比较自由地开展革命活动，而且自己对香港也比较熟悉，有一定的社会基础。

1895年1月26日，孙中山从檀香山经日本横滨返抵香港。不久，他在香港建立兴中会总部。兴中会的新章程中说明本会名曰兴中会，总会设在中国，分会散设各地。由此可见，作为爱国志士的孙中山并没有视香港为英国的领土，他在香港这块中国的土地上创建兴中会总部，正是为了推翻清王朝，使香港重返祖国的怀抱。

香港兴中会总会成立后，把檀香山兴中会所订章程修改为十条。这次修改中最重要的就是对清朝政府的残暴腐败正面地作了猛烈的抨击，把原来檀香山章程中一些温和的词句删去了，并且要求广大人民团结起来，参加救国行动。章程中写道：“无论中外各国人士，倘有心益世，肯为中国尽力，皆得收入会中。”这种思想以后逐步发展，使兴中会成为各种反对清政府的社会力量的共同联盟。

青天白日旗

1894 年下半年，孙中山就曾同陈少白商谈过在国内发动起义的事。1895 年 1 月，孙中山回到香港不久，在与日本朋友梅屋庄吉谈话时，又强调：“为了拯救中国，我和同志们正准备发动革命，推翻清朝，发誓创立我们汉民族的真正的国家。”香港兴中会成立后，孙中山马上全力以赴，筹备发动广州起义。

为了起义，孙中山就带着郑士良、陆皓东、陈少白来到广州，设立了兴中会广州分会，发展程奎光、程璧光、左斗山等数百人加入了组织。为了掩护兴中会的活动，孙中山还成立了一个名为“农学会”的公开团体，号称要研讨农桑新法。地方上的官绅万没想到这批人其实是要“造反”，还为该会捐了不少钱。

3 月 13 日，孙中山与杨衢云、黄咏商等人在香港开会，筹划广州起义。3 天后，兴中会骨干继续开会并做出决定：精选

3000 人，以突袭的方式在 10 月 26 日攻占广州。筹备会上，孙中山提议设计国旗，他知道陆皓东长于绘画，又在上海电报局工作多年，见多识广，于是将此事托付给陆皓东。陆皓东经缜密构思，数度修改，终于将国旗定稿，旗式为长方形，蓝底色，旗中一轮巨大白日，白日四周光芒四射，史称“两色旗”。孙中山很欣赏此旗图案，说：“青天白日，取义宏美，示光明正照自由平等之义。”兴中会干部会议一致通过：采用青天白日为国旗，取代清政府的黄龙旗。这是“青天白日旗”在中国近代历史上的第一次亮相。

筹备起义期间，兴中会讨论的一个重点问题是如何袭取广州。孙中山的计划是“以 5 人为一队，配备枪械炸弹”，从官署后面攻入官员住宅，将长官或杀或擒，令广州全城群龙无首；接着让预先埋伏在城中的同志冲击要害部门。但大家一致认为孙中山的方案太过冒险。新的方案决定，将“外起内应”改为“分道攻城”，在约定日期，让各地民团会党，分别沿着顺德、香山、北江三路，会聚广州，同时起义。

按照“分道攻城”的策略：杨衢云率香港会党三合会约 300 人，于起义日期前晚（10 月 25 日晚）齐聚香港，把起义用的短枪装在木桶里，谎称胶泥报关，乘省港晚班客轮到广州，等到了省城，取出枪械，首先攻占各重要衙署。另外还有“支援队”，各路支援队计划由珠江各支流会聚广州。为此，兴中会众人还特意买了两条船，作为运送军队之用。起义发动时，先期分散混进城的北江、顺德、香山三路支援队（计有 1000 余人）将群起响应。这些支援队基本都是花钱雇来的三合会党徒。自日本横滨赶回的陈清率领炸弹队，在各军事要点投掷炸弹，壮大声势。起义者将以红带缠臂，起义的口号是“除暴安良”。

中文讨满檄文由在广州的朱淇起草，并将安民告示先期印好，届时四处张贴。英文对外宣言则由孙中山的老师何启博士与香港《德臣西报》主笔英国人黎德在香港拟就，只待广州起义成功，即分送各国，要求承认义军为交战团体，享受各国一切中立权利。

原香港辅仁文社的几个人加入兴中会后，虽在革命大方向上与孙中山等一致，但因派系不同而时有矛盾。尤其是辅仁文社创始人之一的谢缵泰，他认为孙中山是一个轻率的莽汉，会为提高个人的声望而不惜冒生命危险，对孙中山印象一直不好。

起义前，兴中会举行了领导人选举。选举开始时还比较顺利，大家都同意选孙中山当总统。选举后，孙中山本来打算回广州，在起义前不再来香港，所以他指定杨衢云负责香港方面的工作。不料事隔一日，情况突然发生变化，杨衢云提出要孙中山把总统位置让给他。起义还没有开始，同志间就发生地位之争，孙中山非常痛心，精神上也受到很大的打击。当天晚上，孙中山又开了一次联席会议，他顾全大局，自己提出来把总统之位让给杨衢云。

杨衢云回到香港后一直积极为起义做准备工作，寻找敢死队队员。但就在起义前一天出了意外。得到“总统”名衔的杨衢云在香港先组织了一个小分队，名为总统卫队。总统卫队配备的武器精良，而领队们的武器有好有坏，此举导致领队们心存不满，认为杨衢云有失公正，于是要求更换武器，否则晚上就不带士兵上船。此时杨衢云已无时间满足这些领队的要求，于是急告广州方面，要求延期两天行动。在预定的起义日 10 月 26 日，孙中山接到香港方面无法按时前来的电报。

原来的起义部署被完全打乱。孙中山只好采纳暂缓行动的建议，各地的会员急忙毁掉文籍、隐藏军械，以保存力量。如果没有香港方面的参与，冒险举兵起义，难以保证起义取得成功。同时，孙中山打电报给杨衢云，让他暂时不要带人来广州。

其实在此之前，起义计划已遭起义领导人之一朱淇的哥哥朱湘告发。朱湘是个举人，当他得知弟弟参加了兴中会这种掉脑袋的组织后，夜不能寐，深恐被株连。思前想后，他用朱淇的名义向官府告了密，试图将功折罪。清廷驻香港的密探也将兴中会成员集结的情况报告给了两广总督谭钟麟，甚至连这些人在香港采买军火的事，港英当局也用电报通知了谭钟麟。谁知谭钟麟并不相信著名医生孙逸仙会造反，反而哈哈大笑说：“孙乃狂士，好作大言，焉敢造反。”可是接二连三的情报相互印证，说明的确有人想造反，不由得谭钟麟不信。虽然他对医术精湛的孙中山竟当了“匪首”深感意外，但还是展开了抓捕行动。

另一边，杨衢云在香港的筹备活动也已经暴露。10月27日，英国巡官斯坦顿获悉有人雇佣约400人，乘“保安”号夜航进入广州，马上将这一情报发电报通知了广州政府。清总督府接到电报，立即组织1500多名清军进入广州城内，开始了大搜捕，广州城内的农学会、王家祠等起义指挥机关都被清军查封。

10月28日凌晨，当“保安”号开抵广州时，广州当局已派兵在码头守候搜查。船上虽有起义军400多人，但分装在7个大箱子里的枪支和子弹都被别的货物压在底下，起义军战士无法取出来武装自己。朱贵全等40人被捕，后来的人因伪装及时，才躲过了抓捕。这时，广州当局一面提审被捕人员，一面继续搜捕起义者。

广州起义功败垂成，陆皓东冒险返回总机关焚毁兴中会名册时，不幸被捕，他大义凛然地说：“我可杀，继我而起者不可尽杀！”陆皓东受酷刑，但他坚决不肯供出同党。最终，陆皓东英勇不屈而死。朱贵全、程奎光、程耀宸等也相继被处以极刑。这几位是最早为中国革命献身的烈士，孙中山后来在自传里称陆皓东为“中国有史以来为共和革命牺牲者之第一人”。

得知陆皓东被捕后，孙中山又令身边的同志迅速疏散，自己则与郑士良留下来隐藏武器，并亲自给各地发电报，通知省城内各主事人烧毁重要文书，清扫总机关，之后他才从容不迫地和郑士良离开。

1895 年 12 月 7 日，清廷以重金悬赏通缉孙中山等 17 人，其中孙中山名列榜首。两广总督谭钟麟派人到香港，要求引渡孙中山等人，香港当局判令孙中山、杨衢云和陈少白三人出境 5 年。此后，清政府还向亚洲、美洲、欧洲各国的清使馆发出电文通缉孙中山。

自广州起义后，孙中山在人们的心目中逐渐成为“革命党”的代表者和旗帜。孙中山领导的广州起义虽然没能成功，却开革命党人武装推翻清政府之先河。

第三章

伦敦蒙难

颠沛流离

牢狱之灾

英国政府出手

恢复自由

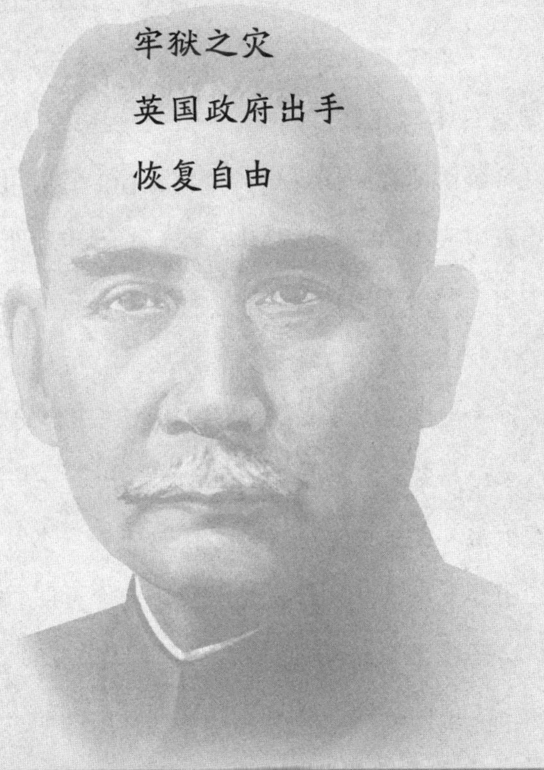

颠沛流离

1895 年 11 月 2 日晚，孙中山与陈少白、郑士良等一起乘日本货轮“广岛丸”号起航离港，于 11 月 10 日到达日本神户。孙中山到达日本没几天，中日甲午战争就结束了，两国复交，清政府驻日公使即将到任。社会上传言日本政府可能会按照清政府的要求引渡革命党人。孙中山难以在日本待下去，原本计划与陈少白一起去美国，但当时美国方面已下禁令，不准华人入境。

这时孙中山已身无分文，只好向横滨兴中会的同志们借钱。冯镜如与弟弟冯紫珊拿出 500 元交给了孙中山。孙中山拿出 100 元给没有取得入美签证的陈少白，作为留在日本开展活动的费用；又给了郑士良 100 元，派他以合法身份再回香港进行革命组织工作。孙中山自己则假称自己是在夏威夷的檀香山出生，这样才获得了美国护照，登上了开往檀香山的船，第四次去檀香山。

1896 年 1 月，孙中山到了檀香山后，他立即前往茂宜岛看望哥哥孙眉。当时，他的母亲、妻子还有儿子孙科、长女孙娫已由陆皓东的侄子陆灿护送到了檀香山。孙中山向哥哥报告了广州起义失败的经过，对一家人心怀歉意。孙眉却鼓励他应继续干下去，这份信任和支持让孙中山受创伤的心得到了慰藉。孙眉又提供了革命活动的经费给弟弟，让他继续为理想而奋斗。

孙中山在檀香山逗留期间，竟然遇到了恩师康德黎和他的夫人。原来康德黎夫妇是在回国途中经过檀香山，决定顺便游览当地风光，没想到却遇到了他一直牵挂的中国学生。康德黎了解了孙中山的经历，就劝他放弃革命，继续钻研医术。但孙中山告诉老师，他决心已定，目前的计划是周游世界，争取华侨对中国革命的支持，第一站是华侨最多的美国大陆，然后他将去英国，那时再与老师相会。

1896 年，孙中山按计划独自到达旧金山，在那里继续向华侨宣扬反清革命思想，还建立了兴中会。但孙中山的革命宣传并没有得到积极响应，很多华人认为他煽动“谋反”是大逆不道的行为，孙中山筹措旅费时也遭到了当地华商的拒绝。他在美国停留了 3 个月，生活得十分艰苦，常常以一碗面条充饥。孙中山却毫不气馁，按照计划准备前往英国。

孙中山没有想到的是，远处已有一双眼睛在暗中注视着自己。其实，早在孙中山到达旧金山时，就已被清朝的密探盯上。

清政府驻美公使杨儒已收到总理衙门的来函："粤东要犯孙中山谋乱，潜逃赴美，希即确查密复。"杨儒立即密令驻旧金山总领事冯咏蘅查办此事，并通知了驻英国公使龚照瑗。所以，孙中山在 1896 年 9 月 30 日乘白星轮船公司的"麦竭斯"号在英国港口利物浦上岸时，龚照瑗已经派他的侄子龚心湛雇暗探赴利物浦守候，侦察的情况是："孙文已剪发着洋装于 9 月 30 日登陆，即日乘火车至伦敦下榻客店，有二人随行。"龚照瑗一再与英国外交部交涉，要求英国政府代为捉拿孙中山，但是遭到拒绝。于是龚照瑗托人找到英国一家私人侦探社——斯赖特侦探社，一路侦查孙中山的行踪。

9月30日，孙中山到了伦敦，投住在斯屈郎街的赫胥旅店。孙中山安顿好自己就立刻去与老师康德黎会面，康德黎夫妇热情地款待了自己的学生，并邀请他住在自己家。孙中山想到自己的事业有相当大的危险性，婉言拒绝了康德黎夫妇的好意，又考虑到与老师会面的方便，于是搬到离康德黎家不远的葛兰旅馆。孙中山对于被人跟踪一事，毫不知情，康德黎提醒他还是应该注意防范，因为清朝驻英使馆离他居住的地方非常近。康德黎的夫人也提醒他说："你是被通缉的要犯，使馆的人见了你，立刻就会缉捕你并送回国内的。"这段时间，孙中山还去拜访了自己在香港西医书院读书时的另一位老师孟生。孟生也警告孙中山不要接近清朝驻英使馆，以免落入虎口。孙中山点头答应，却不以为意。

牢狱之灾

孙中山来伦敦第十天，也就是10月10日，他途经清朝驻英使馆时，正好遇到使馆的学生宋芝田。在异国他乡见到中国人，两人都觉得很亲切。孙中山上前问道："不知使馆里有没有广东人?"宋芝田说："四等翻译官邓廷铿刺史便是。"随后，宋芝田带着孙中山进入清朝驻伦敦大使馆。当时邓廷铿与孙中山聊了一会儿，孙中山自称姓陈，也是广东人。谈话间，孙中山的观点使邓廷铿生疑，认为他有反对朝廷的思想。两人告别时，孙中山拿出怀表看时间，邓廷铿看到上面有"sun"字样的刻字，心中一惊，觉得这人很像是朝廷要捉拿的钦犯孙中山。两人告别时，邓廷铿装作热情的样子，约孙中山第二天来使馆做客。孙中山以为邓廷铿没有认出自己，欣然答应。

邓廷铿把孙中山送走后，急忙向上司龚心湛报告。龚心湛闻讯，当即将此事转禀公使龚照瑗，龚照瑗与王鹏九参赞和英籍参赞马格里紧急密商。这个马格里本是英国人，出生于苏格兰，毕业于爱丁堡大学医科。第二次鸦片战争期间，他随英国侵略军到了中国。第二次鸦片战争结束后，马格里辞去英军职务，长期在中国居住，还加入李鸿章创办的淮军，深得李鸿章信任。后来，他干脆加入中国国籍，还取字清臣，以示自己对清廷的忠贞。这几个人一致认为机会难得，一定要抓住孙中山。就这样，他们设下了陷阱，只等孙中山自投罗网。

10 月 11 日上午，孙中山按约定时间，又高兴地去使馆见邓廷铿，两人接着昨天的话题谈了两个小时，邓廷铿便邀请孙中山吃饭。吃完饭，邓廷铿请孙中山再叙。孙中山毫无防备，跟着邓廷铿来到三楼的一个房间，刚迈步入房，房门便“啪”的一声紧紧关闭。孙中山一看屋内空荡荡的，他心中一凉，这才反应过来，但是已经晚了。外面传来马格里的声音：“奉总署及驻美杨子清公使密电，捉拿要犯孙文!”说完，便扬长而去。就这样，孙中山与康德黎、孟生相见之后没过几天，就被清朝驻英公使馆监禁了，史称“伦敦蒙难”。

可是使馆也明白，在英国擅自抓捕孙中山会惹来麻烦。孙中山被关押的第二天，他们就接到国内电报：“慎密办理，不可为英所知。”驻英公使龚照瑗已致电总理衙门，计划专门雇船，运要犯孙文回广东，具体负责人是参赞马格里，他以要运一个“疯子”回国为掩护，开始和轮船公司商量。14 日，使馆又接到清政府来电：“唯有专雇一船径解广东省。否则只可释放，派密探，穷其所往。”言下之意是斩草除根，不留后患。

这一边，被捕后的孙中山曾想到了死，因为在他心中，作为一个革命者，为祖国、为人民而死，虽死犹荣。可他又想到自己留在旅馆里的衣物中藏着的革命党人的花名册，万一落入敌人手中，岂不更糟！他发誓要与使馆抗争，决不放弃一丝生的希望。这时候他想到了恩师康德黎夫妇，为没听他们的警告而后悔。他想了各种办法传递消息出去，但都没有成功，这样做的结果是，马格里不仅派人对他严加看管，还命人将窗户钉死。

10 月 14 日，清使馆以 7000 英镑的高价租用一艘 2000 吨轮船，准备立即将孙中山运回国内处死，并计划万一偷运不成，则在使馆内杀死他。清使馆对孙中山威逼利诱、软硬兼施，他不卑不亢、大义凛然。被囚禁后，孙中山几乎未合过眼，他后来曾说“在拘禁期间，我从来没有脱过衣服”。为防止有人在食物中下毒，孙中山“除了牛奶和面包外，什么也不吃”。两星期不到，孙中山的体重减少了 20 多斤。

英国政府出手

被囚禁的孙中山向使馆内的英国雇工表明了自己基督徒的身份，并解释说自己是想要改革社会，所以被清政府捉拿。雇工被孙中山的革命精神触动，答应为孙中山传递消息。而葛兰旅馆的主人见孙中山几日未归，心中颇为疑惑，就跑去问康德黎。康德黎不知道究竟发生了什么事，也很焦急。

17 日夜里，有人给康德黎家送来一封信，告诉康德黎，孙中山被囚禁于中国使馆中，并且将被送回国处以死刑。康德黎知道事情紧迫，必须立即请人帮忙营救。他第一个想到的人，竟然是马格里，他还不知道马格里正是诱捕孙中山的主谋之一。后来雇工又送了孙中山的亲笔信给康德黎，并告知康德黎，马格里就是幽禁孙中山的主谋。康德黎找到苏格兰场警署的乔福斯探长，说明事情经过。乔福斯探长一一记录在案，然后对康德黎说："此事关系重大，我一人难以作主，请耐心等待。"

康德黎和孟生各自写几句话交给雇工，让孙中山稍稍安心。他们又怕孙中山即刻将被押送回国，于是决定前往中国使馆，告知孙中山被囚一事已为英政府所知，使其不敢马上押解孙中山回国。于是他们找到邓廷铿，邓廷铿却拒不承认此事。

康德黎和孟生生怕中国使馆迅速转移孙中山，便到附近本区警署找侦探等在中国使馆门外，以防使馆因为消息泄露而将孙中山秘密转移。在找侦探的同时，康德黎又两次找《泰晤士报》的副主笔和记者，请其披露这一消息。但该报特别谨慎，并没有立刻刊登这个重大的独家消息。康德黎又将孙中山被诱捕的经过写成报告，呈送英国外交部。同时警方也向格来轮船公司询问，确认清朝使馆用 7000 英镑雇用了一艘 2000 吨的轮船，准备将孙中山解运回国。警方这才相信事情属实，由乔福斯探长正式接管此案。

收到康德黎信函的英国外交部也不敢马虎，特别派人到首相兼外相沙士伯雷处请示，首相做出了肯定答复。于是警方派出 6 名侦探在使馆外监视，他们人手一张孙中山的西装照片，分 3 班，24 小时监视清使馆。一切就绪，到了晚上，警方已经在泰晤士河上布置了人员，对所有开往中国的船只进行监视。

政府的态度引起了新闻界的强烈反响。当日下午，《地球报》派人采访康德黎。康德黎讲述了事情经过，记者刊于晚报，其标题为《可惊可骇之新闻》《革命家被诱捕于伦敦》《公使馆之拘囚》等。不到两个小时，《中央新闻》《每日邮报》也各派记者一名，前来康德黎家。康德黎述说了大概情形后，两位记者则径直前往中国大使馆，要求会见孙中山先生。接见者又是邓廷铿，他仍然拒不承认，于是记者把《地球报》的新闻报道拿给他看。邓廷铿见事情越闹越大，也开始担心起来。

恢复自由

清使馆承受的舆论压力越来越大，《地球报》刊发新闻后，孙中山的命运成了全英国关心的话题。伦敦各报记者纷纷出动，前往康德黎家、孙中山的住处、马格里家要求采访。各路记者四处寻找马格里，最后在米狄兰旅馆找到了他。还有记者直接到清使馆门口，要求采访孙中山本人。

雇工将《地球报》剪报偷偷送给孙中山。孙中山看后非常欣慰，他说："就好像判刑的人遇到大赦一样！"康德黎又到高等法院申请人权保护令，法官因为这个法令不能用于外国使馆而拒绝了请求，但是法院将请求转给了首相，希望采取外交途径解决。外交部次长山德森以首相名义向龚照瑗发出措辞强硬的照会，要求立即释放孙中山，否则将驱逐清朝公使出境！

10 月 23 日下午 1 点半，马格里到英国外交部交涉释放孙中山的事宜，要求英国政府保证禁止孙中山到香港从事颠覆活动。

外交部次长山德森同意将放人的最后期限延至4点。下午4点30分，两个看守人员打开了孙中山的房间，对孙中山说："马格里在楼下等你。"孙中山整理好衣服就随看守走下楼去。英国外交部具文并特派专员会同苏格兰场警署侦探长及康德黎至清廷驻英公使馆，接孙中山出公使馆。使者出具公文交给马格里，马格里当着这些人的面，将搜去之物一一送还，并告诉孙中山说他已恢复自由。孙中山一行随即从使馆侧门走出。这种息事宁人的做法，是因为英国政府不愿把事闹大，只要人被释放即可，也含有给清使馆留点面子的意思。

出了清使馆后，孙中山等乘坐马车至苏格兰场警署。孙中山详细讲述了此次遭遇，由警官记录以后，孙中山签下自己的名字，整个过程约一个小时。事情结束后，康德黎带孙中山回家，然后准备了丰盛的晚餐为他压惊。

此后两个星期，孙中山和康德黎一直忙于应对络绎不绝的记者，舆论的强大支持让孙中山对西方的新闻体制充满了感激。除了英国的报刊，美国、澳大利亚、日本、新加坡等地多家报纸和上海的《万国公报》《时务报》都转载刊发了有关的报道和评论。

获释的第二天，孙中山就致函伦敦各报的主笔，对英国政府和报界的帮助和同情表达谢意。他在信中写道：最近几天中所发生的实际行动，使我对英国宽大的公德心和英国人民崇尚的正义确信无疑。这一切促使我更积极地投身于我那可爱而受压迫的祖国的进步、教育和文明事业。

此后，“孙逸仙”成为了与封建暴政作坚决斗争的英雄，一下子便成为社会舆论和公众注目的对象。不少英国人向孙中山致函道贺或前来拜访，甚至用实际行动来表达对他的同情与支持。孙中山在伦敦接待了一大批仰慕他的访问者，其中一个叫摩根的英国士兵，十分同情中国的革命者，表示愿意参加今后的中国革命。1899 年，摩根果然来到香港，参加了 1900 年的惠州起义。

后来孙中山将此次经历写成《伦敦被难记》。《伦敦被难记》用英文写成，后来由甘作霖译成中文，于 1912 年 5 月由上海商务印书馆印行。全书除自序与附录外，共分为 8 个部分：被难原因、被诱情况、被禁详情、幽居求援、良朋营救、夜访侦探、英廷干涉、省释出险。

孙中山一直没有忘记那位雇工柯尔，并将他视为救命恩人。经康德黎介绍，孙中山在伦敦多次发表演说，他将人们捐来的几百英镑送给了柯尔。

西方社会认为，清朝驻英公使龚照瑗显然认为自己有权在别国领土上随意处置政治犯，对政治避难权应受尊重一无所知甚至完全不以为然。在国际舆论看来，这反映了清廷的专制独裁和腐败无知。

英国媒体称：“没有一个文明国家会提出在别国逮捕政治犯，更不必说是偷偷摸摸进行了。”“在英国的土地上进行绑架，简直荒唐透顶，而且它居然发生在伦敦市中心，出现在光荣的19世纪末！”“清使馆的行为如此不堪，实在难以想象北京的官场会是什么样子。”孙中山获释后称，清使馆甚至准备先杀死他，再运回国内，这让西方舆论目瞪口呆，他们认定清廷是万恶之源。这次事件使清廷的专制和腐败臭名远扬，国际社会对孙中山的革命活动表达了广泛同情。

第四章

继续流亡

重返日本

孙中山与康有为、梁启超

迷梦渐醒

与保皇党的论争

在法国的遭遇

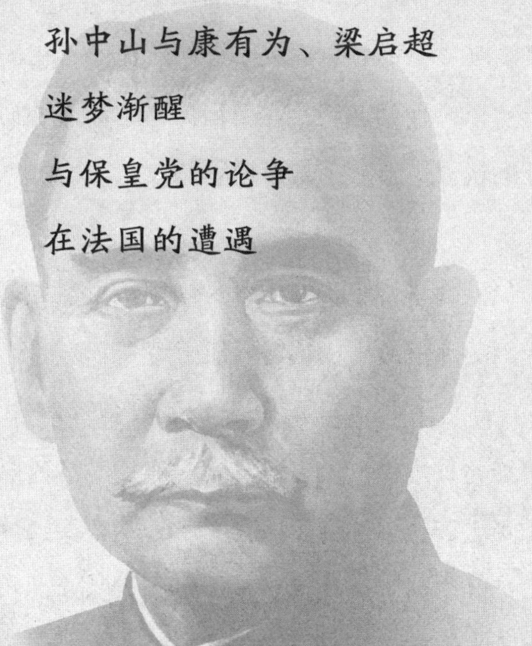

重返日本

孙中山在欧洲待了两年，一面读书思考，一面考察政治风俗，并和在朝在野的各方面人士会晤。他的“三民主义”思想雏形正是这个时期的产物。在英国的考察和潜心研究，使孙中山对革命的认识迈上一个新台阶，其改造中国的思想也渐趋系统化。

由于伦敦的华侨很少，也没有中国留学生，孙中山决定前往日本，因为那里离中国很近，便于筹划未来的革命。1897 年 7 月 1 日，孙中山乘“努美丁”号轮船离开英国，经一个多月的航行，抵达日本横滨。当时日本政府担心清政府难以维持下去，决定预先调查中国的反对力量。日本政要犬养毅于是向政府推荐自己的亲信宫崎滔天、平山周等人从事此项工作。日本外务省派三人秘密前往中国，调查反清会党的活动。平山周等人不知如何开展工作，只好求助于回国述职的日本驻伦敦武官宇都宫太郎。宇都宫太郎告诉他们，要了解中国革命，就必须找到孙文这个人。所以此时孙中山重返日本，也引起了日本政府对他的关注。

经过伦敦蒙难，孙中山在国际上名气大盛，但平山周等人却从没听说过孙中山。在调查过程中，宫崎滔天对孙中山渐渐产生了兴趣。平山周专门买了一本《伦敦蒙难记》，对孙中山有了一些简单的了解。

9月初，宫崎滔天回到横滨不久，立即前往陈少白的住处拜访孙中山。孙中山充满激情的言语，让宫崎滔天下定了追随

孙中山的决心。宫崎滔天在与孙中山会面的第二天就赶赴东京，向犬养毅报告了会面情况。犬养毅听后非常兴奋，一定要亲自与孙中山会面。

有一天，平山周等从横滨陪孙中山到东京拜访犬养毅。从犬养毅的家中出来后，一行人前往数寄屋桥旁的对鹤馆内住宿，平山周替孙中山代笔登记住宿记录。当时孙中山处于流亡之中，不能公开身份。登记簿上填什么名字呢？平山周突然想起刚刚经过的一家叫“中山侯爵”的府第，于是就在登记簿上写下“中山”二字。在日文里，中山只是姓，那叫什么名字呢？就在平山周犹豫的时候，孙中山在“中山”下面添上了一个“樵”字，笑称自己是“中国的山樵”。就这样，从此以后，孙中山用“中山樵”的名字在日本从事革命活动。在日本，革命党人称呼其为“中山先生”，有时在前面加上姓。这就是“孙中山”这个名字的由来。

犬养毅熟悉中国传统文化，主张亚洲各国联合起来，对抗欧美列强。在犬养毅等人的努力下，孙中山被允许留居日本。孙中山与犬养毅的交往，为他重新筹划和启动中国革命提供了一个机会。

孙中山与康有为、梁启超

甲午战争失败后，以康有为、梁启超为代表的维新派不甘亡国，不断通过上书请愿等方式变法维新，并获得了光绪帝的支持，颁布了诏书宣布实行变法，史称“戊戌变法”。当时孙中山在日本，对这个变法活动充满忧虑，他认为光绪帝只是个傀儡，不能将希望寄托在他身上。果然，1898 年 9 月 21 日，慈禧太后发动政变，囚禁光绪皇帝，并下令逮捕维新派。康有为在英国军舰的保护下先避居香港，梁启超在日本使馆安排下，由平山周陪同，在天津从日本商船登上日本军舰。谭嗣同等六人则被杀害，史称“戊戌六君子”。这宣告了“戊戌变法”的彻底失败。

得知康、梁抵达日本的消息，孙中山考虑到如果能与康、梁合作，就能够壮大革命力量。他马上请宫崎滔天转达想要和二人见面的愿望，但被康有为拒绝。虽然流亡海外，康有为仍一心想恢复光绪皇帝的统治。康有为很自负，以为能说服日本帮助自己对付清廷中的顽固派。而孙中山则不同，他被清廷视为不共戴天的仇敌。康有为说："我是钦差大臣，他是著名钦犯，不便与见。"后来，犬养毅又亲自出面，邀请孙中山、陈少白与康有为、梁启超4人一起到他的早稻田寓所会谈。碍于情面，康有为只好派梁启超前去，没想到梁启超与孙中山相见恨晚，一见如故。这是因为逃亡日本后，善于接纳新鲜事物的梁启超开始如饥似渴地吸取西方的政治思想，大谈民主、共和、自由、民权甚至革命，对自己过去的很多想法产生了质疑，只是康有为保持原有观念毫不动摇，梁启超作为学生也无可奈何。

1898年，日本政府不希望在外交上与清朝产生纠纷，因此改变了大隈重信内阁对康有为礼待有加的策略。1899年，康有为被日本方面礼送出境，前往加拿大。康有为一走，梁启超立即与孙中山开始密切接触，商谈两派合作。随着两人接触次数增多，孙中山与梁启超的一些见解日益接近。在此期间，兴中会不少人与康梁派的梁子刚、韩文举等人也频繁接触。寻求合作成为当时两派人马最为首要的任务。

孙、梁合作本来大有希望，但梁启超的同门徐勤、麦孟华暗中向康有为通风报信，称梁启超"渐入中山圈套，非速设法解救不可"。康有为闻讯后大为恼火，令梁启超即刻赶到檀香山办理保皇党事务。梁启超在康有为的压力下，只能屈服。

离开日本前，梁启超约孙中山共商国是，约定合作到底，至死不渝。1899年底，梁启超到檀香山后就写信给孙中山，语意恳切，“要之我辈既已订交，他日共天下事必无分歧之理，弟日夜无时不焦念此事，兄但假以时日，弟必有调停之善法”。应梁启超的要求，孙中山还热心地将哥哥孙眉在内的许多亲友介绍给他。梁启超到达檀香山后，会晤了兴中会的李昌、何宽、郑金、钟木贤等人，并前往茂宜岛拜访孙眉。孙眉殷勤招待，甚至让自己的儿子孙昌执弟子礼，随梁启超到日本留学。兴中会的成员均把梁启超视为同路人，热情相助。

梁启超在檀香山待了几个月，声明“名为保皇，实则革命”，提出组织保皇会的想法。侨商不知其中奥妙，纷纷解囊相助，仅认捐庚子勤王起事的军饷就超过了数万银圆。孙中山得知后，认为梁启超失信，写信责问，但一切已经来不及了。从此，那里的兴中会成员大多投入了保皇会。孙中山苦心经营的檀香山和横滨的兴中会先后为康、梁利用，这对孙中山无疑是一个不小的打击。如果说最初梁启超还在孙中山与康有为之间摇摆不定，甚至一定程度上倾向于和孙中山合作的话，那么到了檀香山一段时间后，他却彻底站到了康有为的一边。

1900年，八国联军攻破北京，清朝政府也处于极度混乱的状态。1901年6月7日，《清议报》刊登了梁启超的一篇名为《立宪法议》的文章。梁启超在这里第一次提出了“预备立宪”的主张。他在文章中把世界上的政体分为3种：君主专制政体、君主立宪政体和民主立宪政体。他认为：民主立宪政体，施政方针变动太多，选举总统时竞争太激烈，对国家不利；君主专制政体，君民之间尖锐对立，人民极苦，而君主和大臣也极危；只有“君主立宪者，政体之最良者也”。但是，梁启超又说，根据中国目前的条件，特别是根据国民现有的接受程度来看，还没有资格实行君主立宪，只能预备立宪。他说：“立宪政体者，民心智稍开而后能行之。日本维新在明治初元，而宪法实施在20年后，此其证也。中国最速亦须10年或15年，始可语于此。”从此，康有为、梁启超一派政治活动的主要口号，由“尊皇”和“剿匪勤王”转为争取实现“预备立宪”，并以此作为同革命派相对立的主要纲领。

1901年4月，孙中山曾赴檀香山省亲，发现当地的兴中会已被梁启超破坏。随后，两人之间的斗争日趋激烈。1902年3月，章太炎写信告诉朋友：“今者，任公（指梁启超）、中山意气尚不能平，盖所争不在宗旨而在权利也。”孙中山则十分痛切地说：“他们反对革命，反对共和，甚至比清廷更难对付。”此后，孙中山、梁启超两人形同陌路。

迷梦渐醒

孙中山在日本站稳脚跟后，自 1898 年开始，与陈少白、郑士良、杨衢云等革命骨干直接参加联络会党的工作。陈少白在香港加入三合会组织，并担任军师，从而加强了革命党与广东会党的关系。10 月，陈少白、毕永年、宫崎滔天在香港召集兴中会、哥老会、三合会首领，商议联合组成大团体兴汉会。会上，毕永年提出公推孙中山为兴汉会总会长，与会者均表赞同，以兴中会的“驱除鞑虏，恢复中华，创立合众政府”为纲领，歃血为盟。由此，孙中山及革命党人经过两年的努力，终于寻找到可以联合的力量——会党，革命声势渐振，革命运动真正在国内展开。

1900 年上半年，兴中会在惠州起事的计划已渐告成熟，杨衢云、郑士良等在香港、三洲田、新安（今广东宝安）、博罗、归善（今广东惠阳）等地的联络工作全部就绪，各地人员均跃跃欲试，急于起义。杨衢云于 1900 年 4 月 24 日乘“阿波丸”号前往日本，向孙中山汇报。刚好这时北方义和团运动爆发，孙中山认为时机成熟，决定亲自指挥这次行动。

6 月中旬，孙中山和杨衢云及日本志士宫崎滔天、平山周等十余人乘轮船至香港，港英当局极力阻挠，不准他们登岸。6 月 17 日，他们在轮船旁的一条木船内召开会议。会议决定由郑士良率黄福、黄耀廷等赴惠州，准备发动起义；史坚如、邓荫南赴广州，组织策应；杨衢云、陈少白、李纪堂在香港负责物资、枪械接济等任务；日本志士留在香港协助，并交给他们两万元作为费用。布置停当，7 月初，孙中山再度返回香港，想要从香港潜入内地，亲自发动起义。可是港英政府又派水警监视，孙中山无法登岸。

7 月 17 日，孙中山召集众人开会。他对当时局势的分析是：八国联军不久可能就会攻陷北京，中国有亡国之危，要不失时机地举兵进行第二次武装起义。孙中山将惠州起义的重任委托给郑士良，并以远藤隆夫为参谋，平山周等人助理民政事务，他自己则前往台湾。当孙中山到达台湾时，台湾总督儿玉源太郎认为中国北方已陷于无政府状态，非常赞同革命。于是孙中山在台湾招募人员，积极准备策应惠州起义，准备等起义队伍到达适当地点，即从台湾回到内地。

正当孙中山在台湾进行准备工作时，惠州的形势却骤然有变。郑士良在接受起义任务后，立即着手组织力量，以三洲田为据点。因为这一带山势险峻，树林茂密，便于隐蔽，一向是会党活动的地方。孙中山第二次从香港登陆受阻后，命令郑士良推迟举事，郑士良和黄福等静候数月，粮食渐缺，于是把队伍分散到邻近各乡，只留 80 人留守大寨。当时郑士良怕走漏消息，对一些入山砍柴的乡民，只准入内，不准外出，所以谣言大起，盛传山寨内有数万人准备举事。而事实上起义军不但人员不多，且武器装备也不够，初时起义组织有义军 600 人，而枪支只有 300 支，虽设法从附近清军防营秘密购买了一些，仍然不够使用。

同年 10 月上旬，两广总督德寿接到各地警报，派水师提督何长清抽调士兵及虎门防军 4000 人，于 10 月 3 日进驻深圳。陆路提督邓万林率惠州防军进驻淡水、镇隆，从水陆两路封锁三洲田出路。但是清军听信传言，认为起义军人数众多，不敢冒险深入。

郑士良觉得战机日趋紧迫，当即电告孙中山，若能于沿海某地接应枪械弹药，起义可获成功。孙中山这时已商妥接应事项，于是复电命令立即起义，起义后前往厦门就会有人接应。

有了孙中山的指示，郑士良在 10 月 8 日先发制人，革命武装起义由此打响。黄福带领敢死队 80 人夜里突袭清军的先头部队，打死了 40 多人，俘虏 30 多人。受到突然袭击的清军不知起义军兵力底细，仓皇溃逃。早已跃跃欲试的革命党和反清会党深受鼓舞，郑士良几次率军大败清军，所向披靡，沿海有两万多农民参加起义军。郑士良在白沙整编队伍，准备攻入厦门，接受由台湾运来的人员和武装。

清军失利后，起义军在坪山、龙岗号召群众参加起义军，兵力增至千余人。战斗时，起义军中没有枪械的手执长矛，奋勇向前，有枪的乘敌不备，匍匐上山，喊声震天，清军惊慌失措，迅速溃散。经过几次战斗，各乡来投靠起义军的人日益增多，起义军人数激增至两万人。

就在起义军节节胜利之际，兴中会叛徒投降清廷，带着清廷代表到香港诱降革命党人。杨衢云背着孙中山，私下与清廷“议和”，准备罢兵，以换取清政府给予的“府道任用”的官职、“赏洋若干万”的钱财、“准带军队五千”的权力。这种投降行为，受到了孙中山和陈少白的坚决谴责。孙中山指示陈少白提防杨衢云的“意外动作”，同时致电宫崎滔天，让他把购买的枪支弹药迅速送至惠州沿海接济。谁料委托购买武器的日本人是个骗子，买来的所谓枪械全是一堆废铁，不能使用。这时又赶上日本的内阁更换，新任首相伊藤博文对中国的外交政策完全改变，禁止台湾总督参与中国革命，禁止武器出口，不许日本军官帮助革命者。因此，孙中山把武器运往国内支援武装起义的计划成了泡影。

孙中山立即通知香港的同志：情势突生变化，外援难期，即至厦门，亦恐徒劳。军中一切事情由司令官自决行止。孙中山派遣山田良政于10月22日到达起义军营地传达了命令，山田良政在送信返回时，由于对路途不熟，被清军逮捕后杀害。1912年，孙中山在日本为山田良政立了一座纪念碑，称其为“外国义士为中国共和牺牲者之第一人”。

郑士良在收到信息后，立即召集各将领举行会议。大部分义军被解散，郑士良率领千余人撤回三洲田山寨据守，分水陆两路撤退。郑士良带领的陆路一部和清军主力何长清部遭遇，由于士气低落，加之途中粮饷不继，被清军打败，起义军被迫解散。郑士良和黄福等人先后避往香港。

原先奉命到广州准备响应惠州起义的史坚如，本来打算在8月武装占领广州，与惠州起义军会合，但因军械不能如期运到，改为10月举事。不料郑士良在惠州提前发动起义，不久，史坚如又得悉起义军处境困难，而广州方面因准备不足，不能响应起义，所以改用暗杀清朝高级官吏作为声援。10月28日，史坚如用预先埋藏好的弹药炸了两广总督衙门，企图炸死总督德寿。结果德寿被炸受伤，史坚如被捕，于11月19日英勇就义。孙中山闻讯后十分悲痛，称赞其为“命世之英才”，陆皓东之后的“为共和殉难之第二健将”，“诚革命前途之大不幸也”。中华民国成立后，追赠史坚如为上将军。

孙中山对惠州起义的准备，时间虽长，但他一直在寻找合作力量，且饷械准备并不充分，导致惠州方面的起义军只能长时间等待，最终被迫发动起义，造成孙中山的计划与惠州起义军在衔接上的“失误”，起义仅坚持17天就失败了。

惠州三洲田起义最终虽然失败，但起义的影响极为深远，起义声势之浩大前所未见。起义军每到一处，百姓都齐集欢迎，起义军迅速扩充至两万人，说明群众对清政府的统治早已深恶痛绝。孙中山在回忆该段历史时感慨，正是三洲田起义，国人才开始渐渐了解革命、同情革命，“知国人之迷梦已有渐醒之兆”。

与保皇党的论争

1900 年台湾总督下了驱逐令，孙中山由基隆前往日本。在日本，他与康、梁等保皇党再次相遇。1903 年 9 月下旬，孙中山从日本来到檀香山，这是他第 5 次到檀香山。

1902 年 2 月至 7 月，梁启超在《新民丛报》上发表长达 10 万言的《新民说》，把清政府的腐败昏庸归因于人民的愚昧。同年 9 月，康有为在报纸上发表《辩革命书》，攻击革命派。

在檀香山，梁启超凭借孙中山的信任，在兴中会中鼓吹“保皇与革命原属同流”，几乎摧垮了兴中会，大部分会员都转向了保皇党。许多人还出巨资，赞助出版保皇党的机关报《新中国报》，这张报纸大肆鼓吹保皇，攻击反清革命。“保皇党”知道孙中山到来，便写文章诋毁革命党和孙中山的名誉。孙中山把他的亲属和程蔚南办的商业性中文报纸《隆记报》改为兴中会的会报，并亲自做主笔，和《新中国报》展开论战。

1903 年 12 月，孙中山发表文章，痛斥“保皇党”空言爱国，却不知道自己所爱的国家是清帝国还是中华国。孙中山亲自主持舆论宣传，狠狠打击了保皇党的势力，两派关系已势同水火。革命党在檀香山与保皇党的论战中取得了胜利，孙中山深感“非将此毒铲除，断不能做事”，于是决定再去美国本土扫除保皇党的影响，同时募集起义经费。

清朝一系列丧权辱国的行为，让国人对这个腐败不堪的政权彻底丧失了信心，孙中山的革命理念也越来越为人们理解和认可。孙中山发现在多次国内革命活动中，都有许多洪门人士的身影，因而革命活动如火如荼；海外华侨十有八九皆洪门中人，而自己却不是洪门中人，他深感自己必须加入洪门，才能鼓动洪门中人赞助革命。于是他在 1904 年 1 月 11 日于国安会馆由钟兆养介绍，加入了洪门，被封为“洪棍”。不久，旧金山致公堂盟主黄三德致函檀香山洪门弟兄，请他们资助孙中山来美国。

1904 年，孙中山前往美国，4 月 6 日到达旧金山。孙中山来美之前，檀香山的保皇党分子就已探悉他的行踪，并电告旧金山保皇党，设法阻止他入境美国。旧金山保皇党便与清朝领事何佑联系，加上当时清朝皇室正派人参加美国世博会，何佑担心孙中山在此时闹事，便照会美国海关处，称孙中山为“乱党”，请求禁止他入境。孙中山刚抵达旧金山港口就被拘留，何佑以孙中山夏威夷出生证为伪造之由，将孙中山拘留于码头上

的木屋内。几天后，移民局判令他出境，返回檀香山。

孙中山十分着急，向旧金山《中西日报》总经理伍盘照寻求帮助。伍盘照与致公堂首领黄三德、《大同日报》经理唐琼昌等多方奔走，合力救援，具保500元，保释孙中山。官司一直打到华盛顿最高法院，伍盘照一方最终获胜，美国政府工商部电告旧金山海关，批准孙中山在美国居留。

孙中山一被释放，就立即开展革命宣传。5月初，他在华盛顿戏院发表公开演说，宣扬反清革命。在加州大学教授邝华汰的帮助下，孙中山劝购革命军需券，共得4000美元。孙中山又通过《中西日报》社翻印邹容《革命军》1000册，在美国广为散发。华侨得此书后，不到半年，观念大变，同情革命的力量迅速增长。孙中山和黄三德从旧金山出发，途经巴尔的摩、华盛顿、哈德福、波士顿、普洛威顿斯等地，结束了全美的访程。

1904年12月14日，孙中山离开纽约前往伦敦。总的来说，孙中山此次美国之行仅筹得了为数不多的旅费，但兴中会收到了较大的社会效益：从保皇党手中夺回了舆论阵地；纠正了致公堂保皇的政治倾向；初步整理了致公堂的组织和事务；结交了一些朋友和同志，打开了在美国进行革命工作的局面。

在法国的遭遇

1904 年，一些在英国、法国、德国、比利时等欧洲国家留学的学生经常给孙中山写信，称孙中山为他们仰慕的革命者，孙中山萌发了去欧洲发展组织的想法。

1905 年春，孙中山从英国渡海到比利时。孙中山在那里与留学生讨论了革命的方略和依靠的对象。朱和中等留学生根据自己在国内活动的体会，主张以发动军、学两界为手段；孙中山则认为借助会党力量较为可靠。双方各执己见，辩论了三天三夜之久，最后达成一致，“定为双方并进”。讨论会结束后，留学生盛筵招待孙中山。酒过数巡之后，大家根据孙中山的提议，畅谈建国要义，各抒己见，气氛热烈。晚上，孙中山提议成立革命团体，顿时一呼百应。于是孙中山亲拟了一份誓词：

具愿书人×××当天发誓：

驱除鞑虏，恢复中华，创立民国，平均地权。矢信矢忠，有始有卒。倘有食言，任众处罚。

天运　年　月　日

某某押（指印）

主盟人：孙文

30多位加盟者纷纷在誓词上签上了自己的名字。

在巴黎期间，当时法国政府正对在中国风起云涌的农民起义感到担忧，孙中山利用他在日本和越南等地区活动时与法国官方联系的渠道，拜访了法国外交部的外交官拉法埃。得知孙中山将回国领导革命的消息后，他给法国驻越南总督写了一封介绍信，让孙中山带在身边，希望法国驻越南殖民当局能妥善接待孙中山。

正当孙中山为自己此次欧洲之行的成果感到欣慰的时候，一件令他大受打击的事情发生了。就在朱和中等人离开的当天，孙中山独自一人在巴黎寓所中看书，忽然听到有人敲门，开门一看，是王发科、王相楚等四人，他们热情地表示要向孙先生求教。孙中山便与他们一起去咖啡馆小饮。万万没想到，当孙中山返回旅馆时，发现自己东西被偷了，所有党人名单和入盟书及法国外交官致越南总督的信函文件全都不见了。

回想了一下，他断定此事是王发科、王相楚等四人所为。

因为入座后不久，在柏林新近入盟的王发科、王相楚二人说是要上厕所，中途出去了，剩下两人则陪着孙中山一面喝咖啡，一面大谈革命。

孙中山怀疑欧洲留学生都已叛盟，所以立即给比利时的朱和中等人发电报责问："若有悔心，曷不明言？纵欲收回盟据，亦应好说，何须用此卑劣手段？"他十分生气，因为那些留学生的亲笔盟书可是造反的铁证啊，如果被清政府查获，这些入盟者不仅会失去官府提供的留学费用或者官方相关支持，可能他们在国内的家人、亲友的身家性命皆要受到牵连。

朱和中得知王发科、王相楚等人窃取盟据的事，感到十分诧异，当即复电孙中山，说明比利时的留学生根本不知道王发科、王相楚到法国去了，更不知道他们会偷走盟据。同时他将签了盟书的比利时留学同志召集在一起开会，发表公开声明，表示盟据虽然丢失，但革命的决心依然，愿意再重新补写盟书。

没想到，峰回路转，清政府驻法国公使馆派人给孙中山送来了一封信，孙中山拆开一看，正是那封法国殖民大臣给越南总督的原信。

原来，整件事情是这样的。王发科平时喜好空谈，常作忧国忧民之态，但入盟后害怕事发受牵连，终日惶恐不安，便与王相楚同谋叛盟。二人结伴赶至巴黎，劝说另两名学生也叛盟，并要他们一起去找孙中山，要求发还誓书。其中一人觉得才加盟又后悔有失体面，便让王发科与王相楚用计窃取入盟书，才有了上面的事件。四人窃走宣誓书和文件后，便一同到清廷驻法国使馆向公使孙宝琦叩头请罪，哭诉自己误入迷途，要他救命。谁知孙宝琦听了事情原委后，却训斥他们说：“你们加入革命党，是背叛朝廷；现在来自首，又背叛了革命党。且陷害同学，人格何在！”羞得四人无地自容。孙宝琦将他们交出的宣誓书等文件收阅后，劝他们今后要好好念书，安分守己，不要胡闹。四人听了此话，这才放心离去。随后，孙宝琦派人将文件送还给孙中山。

孙中山在经这一事后非常苦恼，就想回日本。正好这时宫崎滔天来信，告知孙中山，东京的中国留学生革命运动大有发展，于是他决定立即去日本。筹措到路费后，孙中山立即由马赛赴横滨。

第五章

百折不挠

同 盟 会

武装斗争

分散和瓦解

黄花岗起义

同 盟 会

1905 年，孙中山抵达横滨，受到以程家柽为首的百余名留日学生的热烈欢迎。随后经宫崎滔天介绍，孙中山和华兴会首领黄兴会面。华兴会是黄兴、宋教仁等人 1904 年在长沙成立的，在清政府的迫害下，几个负责人都流亡日本。当时日本的中国留学生也多倾向革命，随着形势的发展，迫切需要建立一个统一的革命政党。

7 月 28 日，孙中山偕同宫崎滔天亲往 20 世纪支那社，与陈天华、宋教仁等人会面。孙中山的主张，得到了黄兴等多数人的支持。次日，华兴会讨论同孙中山联合的问题。7 月 30 日，原兴中会、华兴会、光复会、科学补习所、军国民教育会等团体的成员及来自全国 10 多个省的留日志士 70 多人，在东京赤坂区召开建立统一组织的筹备会议。

孙中山作了长篇讲话，提议将分散的革命力量集中起来，组成一个大团体，协力从事反清革命，这个建议获得一致赞成。孙中山被推为会议主席，主持讨论新团体的名称和宗旨。有人提议将新成立的组织定名为“对满同志会”。孙中山说，革命的目标不专在排满，还要反对君主专制，创建共和，因此叫“中国革命同盟会”为好。但黄兴觉得使用“革命”字样太过敏感，对组织的活动不利，最后会议定名为“中国同盟会”。

大家还接受了孙中山的建议，以“驱除鞑虏，恢复中华，创立民国，平均地权”作为同盟会的宗旨。黄兴提议“请赞成者立誓约”，孙中山当即起草了盟书，内容如下：

联盟人×省×府×县×××当天发誓：

驱除鞑虏，恢复中华，创立民国，平均地权；矢信矢忠，有始有卒，如或渝此，任众处罚。

天运　年　月　日

中国同盟会会员：×××

主盟人：×××

介绍人：×××

与会者纷纷签署盟书，由孙中山领导众人同举右手，向天宣誓。盟书被孙中山交由黄兴保管，然后大家再由孙中山授以同志相见之握手暗号及秘密口号。

问：何处人？

答：汉人。

问：何物？

答：中国物。

问：何事？

答：天下事。

最后孙中山兴奋地与新会员一一握手，向会员们祝贺道："恭喜诸位，从今日起，诸位就不是清朝人了！"大家又推黄兴、宋教仁、陈天华、马君武、汪精卫等起草会章，准备召开成立大会，待成立大会时提出讨论。

有个小插曲是，人们正要离开会场时，室内后部的木板忽然坍倒。孙中山诙谐地说：这是颠覆清政府的预兆啊！大家兴奋地鼓掌欢呼。

8 月 20 日，中国同盟会在东京赤坂区灵南坂，借日本人阪本金弥的住宅召开成立大会，到会者百余人。大会一致通过了《中国同盟会总章》；确定孙中山提出的"驱除鞑虏、恢复中华、创立民国、平均地权"十六字纲领为同盟会宗旨；推举孙中山为同盟会总理，并选举了总部各部负责人，推选了各省主盟人。

依照《中国同盟会总章》的规定，同盟会总部设于日本东京，按"三权分立"原则，下设执行部、评议部、司法部；黄兴被任命为执行部庶务科总干事，副总理地位，总理外出时，代总理主持总部工作。章程还规定，在总部统一领导下，各地分设支部；国内按地区设东、西、南、北、中 5 个支部，支部以下各省设立分会，支部部长由总理指任，分会长由会员选举产生；国外设南洋、欧洲、美洲、檀香山 4 个支部，支部以下各国设立分会。

同盟会机关刊物是《民报》，此报原名《二十世纪之支那》，是华兴会机关刊物。孙中山在《〈民报〉发刊词》中首次将同盟会的十六字纲领概括为民族、民权、民生三大主义。

武装斗争

湖南和江西交界的萍乡、浏阳、醴陵一带，向来会党众多，并且和华兴会有过密切联系。1906 年秋，湖北、湖南大旱，农民颗粒无收。萍乡、醴陵、浏阳等地的灾情特别严重。官僚豪绅乘机哄抬米价，导致民不聊生。当时三县接壤之地，已喊出“杀鞑子”“官逼民反”“挖富济贫”的口号。此时萍乡的安源、青山峰、峡山口、风峤等 18 个矿的工人，半数以上都加入会党，加上浏阳、醴陵一带民间多以制造鞭炮为生，因而许多人都会制作炸药，为会党举事提供了方便。

同盟会成立后的第一次大规模的武装起义即将拉开序幕。正当会党紧锣密鼓为举事做准备之际，9 月间，同盟会总部派刘揆一的弟弟刘道一和蔡绍南回湖南动员军队，重整会党，做起义的准备。刘道一、蔡绍南出发时，黄兴对众人说：“举事当以会党与军队同时行动为最，至少在会党发难之际，军队响应。”

刘道一、蔡绍南到长沙后即做了分工。刘道一留在长沙，负责与同盟会总部联络，蔡绍南前往萍乡一带联络会党。蔡绍南到了萍乡，与会党首领龚春台接上了头，双方一拍即合。经龚春台、蔡绍南的努力，三县会党成立了洪江会，三县的力量集中到一起，公推龚春台为大哥，确定“忠孝仁义党”为洪江会最高机关，誓词是“誓遵中华民国宗旨，服从大哥命令，同心同德，灭满兴汉，如渝此盟，神人共殛”。

洪江会成立后，会员很快增加到10万多人，发展迅速。但正因人员庞杂，清廷注意到了洪江会，逮捕、杀害头目的事件屡有发生。在此紧急情况下，蔡绍南、龚春台于1907年12月2日在萍乡高家台召开各路首领会议，商议起义日期和办法。后由于蔡绍南等认为同盟会总部无指令，军械又不足，需要等待接济，大会经通宵争论，未能作出任何具体决定。

12月3日凌晨，洪江会首领之一廖叔保首先在浏阳麻石聚众2000余人举旗发难。蔡绍南和龚春台只得宣布总动员：以同盟会名义通知洪福会首领姜守旦和普迹市哥老会大头目冯乃古，并通知各县各处会党同时发动起义。

萍、浏、醴三县起义之际，刘道一正在衡山乡中，听说会党举事，急忙赶往长沙，以便策划全局，不料被清军逮捕。清朝官员严刑拷打，刘道一不招，清朝官员就以其所佩戴的写有“锄非”的图章定罪，说“锄非”二字引《汉书》“非种必锄”之言，将他杀害于浏阳门外。刘道一牺牲后，消息传到东京，黄兴哀痛欲绝，与其兄刘揆一相抱痛哭。黄兴边哭边说："吾每计革命，唯道一独能周详，且精通英语，辩才无碍，为将来外交绝好人才，奈何即死于是耶？"

12月5日，起义军占领上栗市，并立即整编"中华国民军南军革命先锋队"，以龚春台为大都督，蔡绍南为左卫都统领兼文案司，魏宗铨为右卫都统领兼钱库督粮司，廖叔保为前营统带兼急先锋，沈益古为后营统带兼殿后指挥。

起义军同时发布檄文，宣布起义宗旨为"破千年之专制政体，不使君主一人独享特权于上。必建共和民国，与四万万同胞享平等之利益，获自由之幸福。而社会问题，尤当研究新法，使地权与民平均，不致富者愈富，成不平等之社会"，还历数清政府十大罪状。

清政府面对蓬勃发展的各地起义，十分惊恐，急令湖广总督张之洞、两江总督端方、湖南巡抚岑春煊调集湘、鄂、赣、苏四省军队及地方驻军、"义勇"共5万人前往围剿起义军；美、英、德、日各国也派军舰闯入长江，对起义军进行恐吓。起义军只凭着极其简陋的武器，顽强抵抗，多次打败清军。最终起义军由于互不统属，领导不力，奋战月余后终被清军各个击破，惨遭失败。蔡绍南、肖克昌、廖叔保等数十位首领牺牲，龚春台辗转逃往长沙。

1907年2月，清政府致函日本首相伊藤博文，要求日本政府驱逐孙中山出境。1907年3月，孙中山带着胡汉民、汪精卫等乘船离开横滨，前往越南。孙中山在河内甘必达街 61 号设置了领导粤、桂、滇武装起义的总机关。随后，孙中山领导发动了一系列起义行动。

1907 年 5 月 22 日，余既成、陈涌波等在潮州起义，月底失败。

1907 年 6 月 2 日，邓子瑜等在惠州七女湖起义，13 日失败。

1907 年 9 月 1 日，王和顺等在广西钦州王光山起义，进军途中加入义军者三四千人，历时半月，因饷械不继而失败。

1907 年 12 月 1 日，孙中山发动镇南关起义，黄明堂部攻占镇南关，坚持数日后失败。

1908 年 3 月 27 日，黄兴在钦州马笃山起义，与清兵激战 40 日后失败。

1908 年 4 月 30 日，黄明堂在河口起义，经 20 余日战斗，河口失守，黄明堂率部 600 余人退入越南，被法国当局解除武装，遣散到新加坡。

虽然这些起义都告失败，但此时的清王朝在四起的武装斗争中已风雨飘摇，勉强维持了。孙中山却越战越勇，从不为一时的失败而动摇自己的信念。

分散和瓦解

此时同盟会出现了分裂，这是由于同盟会是由兴中会、华兴会、光复会等多个组织联合而成，成员之间本就常常意见不同，加上光复会的章太炎向来不喜欢孙中山，对孙中山的领导地位从来没有认可。

黄兴和孙中山曾因国旗图式问题发生过争执。当时孙中山主张沿用兴中会的青天白日旗，黄兴则认为青天白日旗与日本国旗相近，必须迅速毁弃。孙中山很激动，他厉声说："我在南洋，用这面旗帜号召过万人参加革命，如果不用这面旗帜，那先开除我好了。"黄兴也激动起来，发誓要退出同盟会。最后黄兴顾全大局，接受了孙中山的方案。同盟会的另一重要成员宋教仁本来就认为孙中山待人做事过于专制，闻知此事后对孙中山更加不满。

1907 年 3 月 1 日，宋教仁辞去了同盟会庶务干事一职，并一度加入到反对孙中山的行列中。紧要关头，黄兴从革命大局出发，表示拥护孙中山的领导，这才暂时平息了纠纷。孙中山得知内情后，对东京同盟会本部十分失望。

1908 年秋，孙中山在新加坡设立同盟会南洋支部，委任胡汉民为支部长，下辖南洋各分会，宣称“欲使南洋各处团体互相联络，以成统一”，南洋支部实际上成为与东京本部并峙的中心。

同盟会多次起义失败的消息陆续传到东京，反对孙中山的人日益增多，一些会员于是催促同盟会庶务干事刘揆一召集大会，罢免孙中山，改选黄兴为同盟会总理。

1908 年 9 月，原光复会骨干陶成章远赴新加坡，准备为同盟会的机关报《民报》筹款，同时募集革命经费，准备再次发动起义。陶成章在光复会并入同盟会的过程中，态度消极。来到新加坡后，陶成章提出拨款 3000 元给《民报》作经费。孙中山无款可拨，把自己的手表等物变卖，给陶成章以支持。陶成章又要求筹 5 万元回浙江发动起义，孙中山认为“近日南洋经济恐慌，自顾不暇，断难办到”。陶成章要求孙中山写信介绍他到各地筹款，孙中山应允了。

1908 年 12 月 6 日，陶成章带着孙中山的介绍函到槟榔屿等地筹款，却很不顺利，陶成章怀疑孙中山在暗中捣鬼，开始攻击孙中山。其后，陶成章准备向各地收款，再次向孙中山索取介绍函，孙中山没有给。因此，陶成章便去了爪哇泗水，在王文庆等人的支持下，重建光复会，和同盟会南洋支部对立。

接着，陶成章以七省同志的名义起草了《孙文罪状》，指责孙中山在汇丰银行储款 20 万元；孙眉在九龙建造房屋，是由孙中山汇款助建；指责孙中山“谎骗营私”，罗列“残害同志”“蒙蔽同志”“败坏全体名誉”等“罪状”3 种 12 项；提出善后办法 9 条，要求“开除孙文总理之名，发表罪状，遍告海内外”。陶成章带着这份《孙文罪状》跑回东京，找到了黄兴，要求同盟会本部开会讨论，但被黄兴断然拒绝。

陶成章的行为得到章太炎的支持。1910 年 2 月，章太炎、陶成章便从同盟会分裂出来，在东京成立光复会总部，章太炎为会长，陶成章为副会长，李文和为南部执行员。一时间，光复会势力在南洋迅速蔓延，大有取代同盟会之势。

在此关头，黄兴在即将续刊的《民报》上登了一则启事，称陶成章为“神经症”之人。他要孙中山“海量涵之”，表示“陶等虽悍，弟当以身力拒”。为了给孙中山赴美活动扫除障碍，黄兴又发函美洲，指出有人从东京发函攻击孙中山，“用心险毒，殊为可愤”，要求美洲同志趁孙中山到美机会，同心协力，共谋团体进步。黄兴再一次表达了对孙中山坚定的支持。

在陶成章等重建光复会的同时，孙中山也在着手改组同盟会。1910 年 2 月，孙中山在旧金山建立同盟会分会，改 16 字纲领为“废灭鞑虏清朝，创立中华民国，实行民生主义”，盟书中的“中国同盟会会员”也改为“中华革命党党员”。同年秋，孙中山抵达槟榔屿，通知南洋各地同盟会分会一律照改。但是同盟会已在群众中留下了深刻的印象，“中华革命党”的名称始终没有传播开来。

同盟会内部的这一系列纷争，严重地损害了革命党人的威信，分散和削弱了革命的力量。

黄花岗起义

1908年11月14日，光绪皇帝突然死亡。次日，慈禧太后也去世。光绪皇帝无子，他的侄儿溥仪继承帝位，1909年改年号为宣统。溥仪年仅3岁，他的父亲肃亲王载沣以摄政王的身份执掌朝政。

孙中山决定再次筹款发动起义，他认为清廷大势已去，此时正是好时机。1909年5月，孙中山由新加坡启程赴欧洲，他希望“运动于欧美大资本家”，可是并不顺利。10月底，孙中山离开伦敦赴美国，在那里成立了同盟会纽约分会。期间，又为黄兴与胡汉民的军事起义募得8000元捐款。

1910年5月，孙中山秘密回日本，与黄兴等人会晤，研究起义之事。随后又离开日本，先抵达新加坡，再奔赴槟榔屿，准备在华侨中开展工作。7月19日，正在由新加坡前往槟榔屿路上的孙中山，接到母亲杨太夫人在香港九龙去世的噩耗。因为孙中山仍然是清政府通缉的要犯，香港也禁止孙中山入境。无法为母亲奔丧，尽最后的孝道，是孙中山终生的憾事。孙中山只好委托在香港的同志罗延年帮助料理丧事。杨太夫人被安葬在新界西贡濠涌白花林，墓碑上刻着“香邑孙门杨氏太君墓”。

从1907年5月的潮州黄冈起义开始，到1908年5月河口起义的失败，孙中山在广东、广西、云南边境连续发动了6次武装起义。在这些起义中，孙中山把会党作为起义主力的倾向非常明显。中国近代的会党，主要是以游民、无产者为主体，优点是这些人都处于社会底层，对社会现实有着强烈不满，富有反抗性，容易一呼百应，也倾向于接受革命党人反满宣传的影响。但缺点也很明显：他们缺乏真正的革命觉悟，难以从事持久的斗争，一受挫折就一哄而散；缺乏严格的纪律，战场上不服从统一指挥，各自行事；人员成分复杂，有些人甚至打家劫舍，杀人越货。

为了更好地领导起义，1911年1月，同盟会在香港成立统筹部，以黄兴、赵声为正、副部长，具体领导这次起义，下设调度处、储备课、交通课、秘书课、编辑课、出纳课、总务课、调查课，并陆续在广州设立秘密据点，作为办事和储藏军械的地点。

自第一次广州起义失败后被迫离开香港，孙中山又先后被新加坡、越南、暹罗（1949年改名为泰国）、日本政府强迫离境，南洋的荷属、英属岛屿国家都不许孙中山居留。孙中山本打算亲自赴南洋各国去筹款的计划无法实行，他在南洋一带难以立足，只得赴欧美另寻支持。恰逢此时，冯自由从加拿大来电邀孙中山赴美洲筹款，孙中山遂只身前往，将南洋一带事务委托给胡汉民等人。

1911 年 2 月 17 日，孙中山到达纽约，随后又到了旧金山、加拿大的温哥华等地。每到一地，他都说服华侨们为国内革命起义捐款，一共募集了 7 万多元，全部汇到了香港。在南洋，邓泽如也募集到了 5 万多元，第二次广州起义所需经费已基本筹足。

同盟会此次接受历次起义失败的教训，在起义发动前进行了认真细致的准备，筹款购械、组织联络都有专人负责。革命党下定决心把这次起义组织好。

接着，革命党人纷纷潜入广州，熟悉环境，刺探敌情，派人到长江中下游各省联络其他革命党人，在各省成员、南洋华侨和留日学生中，挑选敢死队员 800 人。他们在广州建立了 38 个秘密据点，并准备在 1911 年 4 月 13 日发动起义，拟分 10 路进攻广州，然后大举北伐。

不料革命党人温生才在 4 月 8 日刺杀了广州将军孚琦，清政府当即进行大逮捕，一部分革命党机关遭到破坏。广东当局加强了戒备，加之部分款项、枪械未到，原定计划被迫延期。

4 月 23 日，黄兴潜入广州，成立起义指挥部。广东当局已听说有人将发动起义，于是大肆搜捕革命党人，加强了防备，形势变得越来越不利于革命党。26日晚，黄兴召开会议，仓促间决定起事。

因日本、越南方面的枪械稍迟方能运到，而准备响应起义的新军又有5月3日即将退伍的消息，这就使起义陷于既不能速发，又不能拖延的困难境地。黄兴等人临时决定起义延缓一日，定在4月27日，将原定10路进军计划改为4路：黄兴率一路攻总督衙门；姚雨平率军攻小北门，占飞来庙，迎接新军和防营入城；陈炯明带队攻打巡警教练所；胡毅生带队守南大门。但胡毅生、陈炯明等认为清军已有防范，提议改期。姚雨平反对改期，但要求发枪500支以上。黄兴在喻培伦、林文等人的激励下，决定无论如何也要按期向清廷发难。

1911年4月27日下午5时30分，黄兴连开三枪，揭开了黄花岗起义的序幕，吹响海螺，直扑督署。黄兴带领“先锋”120余人，臂缠白巾，手执枪械炸弹，另有一路起义军从吴公馆出发，目标是阻止城北龙王庙的防营部队到督署增援。督署卫兵顽强抵抗，革命军枪弹齐发，击毙卫队管带，冲入督署。两广总督张鸣岐逃往水师提督衙门。

由于敌众我寡，起义队伍得不到接应，经过一夜的激烈巷战，伤亡惨重。黄兴等侥幸脱险，化装后逃回香港，喻培伦、方声洞、林觉民等死难。事后，同盟会会员潘达微多方设法收殓烈士遗骸72具，以自己的房屋作抵押，购得墓地，合葬于城东红花岗（后改名黄花岗）。1932 年，查证此次死难烈士姓名达 86 人。由于习惯，人们仍称“黄花岗七十二烈士”。

1911 年 4 月 28 日晚 6 点，孙中山与致公党的朱卓文由温哥华抵达芝加哥车站。西方报纸纷纷登载这次起义的消息，孙中山立刻发电给身在香港的胡汉民：“闻事败，同志如何？善后如何？”当时，孙中山每天都应邀到各处演说，忙碌不堪。香港方面却一直没有复电，一周之间孙中山连发 3 封电报给胡汉民，但均无回电，孙中山一直心情沉重。一次，原定 3 个小时的演讲，但情绪非常不安的孙中山只演讲了一个小时便难以为继，以至于早就耳闻“孙先生演讲口若悬河”的一些听众，都怀疑是假冒者来代替他演讲。直到 5 月 3 号晚上，孙中山终于收到了胡汉民的回电，得知黄兴等人安然无恙的消息，孙中山才放下心来。

黄花岗起义虽然失败了，但烈士们英勇战斗、视死如归的革命精神更加振奋了全国人民的意志，促进了辛亥革命高潮的到来。

第六章

继续革命

武昌起义

湖北独立

精神领袖

临时大总统

成立新政府

袁世凯就职

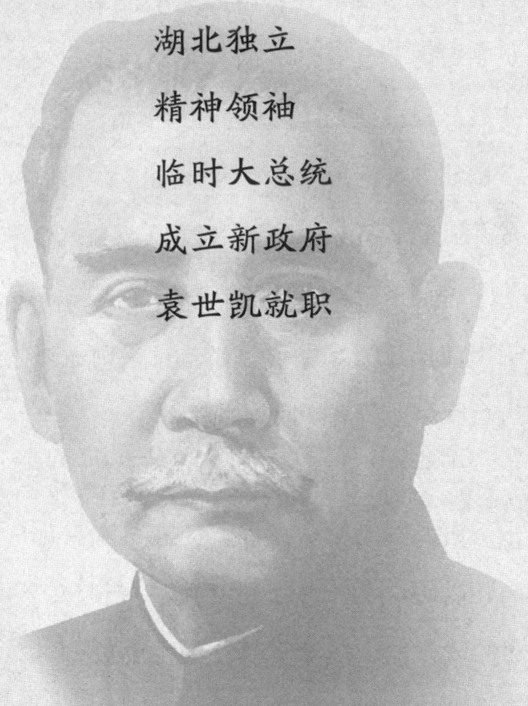

武昌起义

黄花岗起义失败后，在日本东京的谭人凤、宋教仁等部分同盟会会员，对同盟会总部在南方发动武装起义的革命方略提出质疑。宋教仁提出："在边地进行为下策，在长江流域进行为中策，在首都北方进行为上策。"经讨论后，众人一致赞成这个看法，达成一致意见：以后应以长江流域为革命活动中心，并确定"组织中部同盟会以谋长江革命"，决定派谭人凤赴香港会见黄兴，提出在长江流域发动起义。黄兴则派谭人凤前往长江流域各省进行联络，策动响应广州起义。

谭人凤与宋教仁商议接受任务后，赶赴武汉，想借此机会联络长江中下游及两湖革命党人，促进"武汉地区同志，加入中部同盟会，以便联成一气，一致响应广州起义"。谭人凤在武昌会见了蒋翊武、罗良骏等文学社的主要成员。文学社是由湖北的科学补习社、日知会等几个革命团体发展而来的，1911 年

1月由湖北新军中的革命党人蒋翊武、刘复基等成立，以新军为主要对象发展革命力量。从此，文学社与同盟会总部开始在组织上建立了联系，确定双方建立统一的起义领导机构，组织武装起义。

与此同时，同盟会的活动重心转移。1911年7月31日，宋教仁、陈其美等人在上海成立同盟会中部总会，任命居正主持成立湖北分会，准备在武汉一带发动起义。这时的武汉，已经成为仅次于上海的商业中心，革命党人在此进行了长期深入的宣传和组织工作，革命思想已深入人心，军界和知识分子中倾向革命、加入革命党的人越来越多。

1911年9月，湖北、湖南、四川等地的“保路运动”轰轰烈烈地开展起来，清政府派部分湖北新军进入四川镇压，致使清军在湖北的防御力量被大大减弱。新军中的文学社和共进社会员数量也大大增加。革命党人觉得这是个好时机，决定在武昌发动起义。

10月9日，共进会领导孙武等人在汉口俄租界宝善里配制炸弹时不慎引起爆炸，撤走的时候没有将文件和名册带走，致使俄国巡捕在搜查时发现大量革命党人名册、起义文告，随即把此事报告给湖广总督。湖广总督下令关闭四城，四处搜捕革命党人。事态紧急，文学社领导蒋翊武决定于当晚12时发动起义，以南湖鸣炮为号。但武昌城内当时戒备森严，各标营革命党人无法取得联络。当晚，彭楚藩、刘复基在武昌小朝街起义

总指挥部被捕，杨宏胜在运送弹药的路上被捕。10 月 10 日凌晨，三人被斩首，武昌起义指挥机关瘫痪。

在得知刘复基等领导人遇害、革命党人相继被抓的消息后，第八营的起义召集人熊秉坤觉得名单已经泄露，不能坐以待毙。他和新军中的其他革命党人联络后，决定于 10 月 10 日当晚起事，约定以枪声为号。当晚 7 点多的时候，工程营的排长巡查时发现士兵金兆龙臂缠白巾，手持步枪，于是喝问道："你这是干什么，想造反吗?"说完，上前要缴金兆龙的枪。金兆龙大喊道："造反又如何？同志们，动手!"于是同班的士兵赶来相助，并用枪击伤排长的腰部，排长被击伤后逃走。枪声一响，熊秉坤等人闻声赶到，他当机立断，宣布立刻起义。武昌起义第一枪就这样打响了。

驻守在武昌城外的辎重队、炮兵营、工程队的革命党人听到枪声后，也举火为号，发动了起义，直奔楚望台集合。武昌城内二十九标的蔡济民和三十标的吴醒汉也率领部分起义士兵冲出营门，赶往楚望台。随后，武昌城内外各标营的革命党人也纷纷率众起义，并赶往楚望台。楚望台的军械库藏有大量从国外购买以及国内制造的军火，革命党人顺利占领这里，为起义的胜利奠定了武装基础。

10 月 10 日晚上一夜激战，革命党人进展顺利，起义军的进攻势如破竹。湖广总督打破总督府后墙，从长江坐船逃走。天亮时，起义军控制了整个武昌。汉阳、汉口的革命党人大受鼓舞，很快就占领了汉阳和汉口。这一年是中国阴历辛亥年，这次波澜壮阔的革命运动，因此被称为“辛亥革命”。

湖北独立

武昌起义胜利后，革命党人急需建立革命政权。当时武昌起义的领导成员有的受伤，有的牺牲，还有的失去了联络，需要一位有名望的人担当首领，稳定局面，号召天下，而且还要通电全国，呼吁响应。在这种情况下，革命党人成立了湖北军政府，推举黎元洪为都督。当时黎元洪并不情愿出面，但是迫于形势，只好勉强同意。革命党人以黎元洪的名义发布了一系列通电，宣布改国号为中华民国，并号召各省民众起义响应。

12 日上午，起义军掌控武汉三镇后，于 13 日击退清军军舰，黎元洪至此才下定决心接受革命军的要求，他剪掉了辫子以表心意。此后黎元洪与美国、法国等外国领事会面，随后英、美、法、德、日五国领事发表声明，宣布各国在清政府与革命军的战事中保持中立，这就避免了帝国主义势力对革命军的干涉。

武昌起义胜利后的短短两个月内，湖南、广东等15个省纷纷宣布独立，脱离清政府。

10月12日，武汉革命党人在通电全国、呼吁各地响应的同时，并发电报让黄兴、宋教仁等迅速来湖北，请两位通知孙中山回国主持大局。孙中山虽然没有直接领导武昌起义，但他在当时的人们心中是不可否认的革命领袖，可以说孙中山是武昌起义背后的点火人。

武昌起义时，孙中山正在美国旅途中，他在报纸上看见武昌被革命党占领的新闻，十分激动。开始时，孙中山简直不敢相信自己的眼睛，待他再看两遍，便紧紧抓住那张报纸，可以想见其惊喜交加的心情。但是一个重要问题马上摆在他的面前，他在立刻回国指挥战斗和继续欧美外交之间摇摆，经过慎重思考，他决定走访英、法、美等国政府，争取国际对于新政权的支持。在他看来，在这关键时刻，西方列强对新政权的态度极为重要，所以外交活动是“可以举足轻重为我成败存亡所系者”。如果在中国驻有军队的西方大国帮助清廷镇压革命，则革命将立刻失败；反之，如果列强能支持这场革命，则革命党胜利的把握就更大。

于是他给国内回电，让黄兴赴武汉领导革命军，自己则继续在国外的外交活动。

精神领袖

孙中山在前往华盛顿途中看到报上载有“武昌革命军为奉孙逸仙命令而起者，拟建共和国体，其首任总统当属之孙逸仙”的文字，他意识到，中国革命已为世界所关注。为了避免不必要的麻烦，他在途中格外谨慎，避免会见一切报馆访员。可是10月15日途经芝加哥时，那里的华侨已迫不及待为他举行了颇具声势的“预祝中华民国成立大会”，把孙中山当作促成这场革命发生的英雄来欢迎。会后，有十几家西方报纸想采访孙中山，但都被他避开。尽管如此，“孙逸仙”这个名字已经成为那段时间国外报道的重点对象。其中英国《每日电讯报》的一篇文章是这样写的：“孙逸仙博士的信徒设在纽约的总部，昨晚挤满了人。据称，几乎每一个出席者都会讲流利的英语。墙上悬挂着孙逸仙博士的巨幅油画肖像，还有其他穿着革命军军装的士兵和海员像。大家都在谈论革命。”美国报纸上不断刊出文章，预言孙中山将当选未来共和政权的总统。

11 月 2 日，当黄兴在湖北军政府紧急会议上被推举为中华民国军政府战时总司令时，孙中山正在从纽约开往伦敦的轮船上，英国是孙中山为新政权开展外交努力的第二个国家。

10 月 31 日，湖北军政府主办的《中华民国公报》，以中华民国军政府大总统孙中山的名义发出布告，号召各省起义军为建立共和国而勇猛作战。

不仅在革命党人心目中，孙中山先生是不可替代的领导人，就连不少旧官僚和旧军官也认为民国军政府领导人非孙中山莫属。11 月 14 日，江苏都督程德全在致电各省组织统一政府时指出：孙中山是革命的首创者，是中外人民都非常仰慕的，组建临时政府非他莫属。

11 月 14 日，孙中山委托他人与英国外交大臣格雷交涉，表达了强烈希望取得英国对中国革命的“友谊和支持”的意愿，并再一次向英国政府提出“止绝清廷一切借款”等三项要求。除此之外，孙中山还希望向其借款 100 万英镑，但这一请求遭到格雷的拒绝，孙中山充满希望的伦敦之行宣告失败。

11 月 20 日，当袁世凯在北京组成责任内阁时，孙中山又开始了他的法国之行。但是，孙中山同样未能从法国那里得到借款。法国东方汇理银行总裁西蒙虽然宴请了孙中山，却直接而坦率地拒绝了孙中山的借款请求，理由是四国银行已达成一致协议，法国必须“严格地遵守中立”。

其实，早在1911年5月21日，孙中山就到过华盛顿，当时美国标榜“严守中立”，孙中山希望谒见美国国务卿诺克斯，想要被拒绝。10月18日，革命成功后，孙中山希望美国态度有所改变，他再次写信给诺克斯，希望作一次秘密会晤。诺克斯不愿与之接触，也拒绝接见孙中山的军事顾问荷马·李，他认为孙中山是欲推翻现存政府的领袖。

1911年11月，孙中山在伦敦谋求西方援助时，诺克斯还曾指示美国驻伦敦的金融机构，不要向孙中山提供贷款。考虑到其他国家情形与此差异不会太大，失望之余，经过一番考虑之后，孙中山决定立即归国，不再滞留。

孙中山告别欢送他的留学生，由法国途经槟榔屿、新加坡秘密返回祖国，他的故乡此刻革命形势正如火如荼。12月21日，孙中山抵达香港，胡汉民、廖仲恺乘兵舰到香港迎接。稍作停留之后，他又在胡汉民、宫崎滔天等人的陪同下，乘坐邮轮前往上海。

1911年12月25日9点45分，在黄兴、宋教仁和陈其美的迎接下，孙中山走下轮船。这也是孙中山经过15年的国外流亡生活之后，第一次公开回到故土。上海同盟会的同志们还为孙中山鸣放礼炮21响，以表示对他的敬意。黄兴、陈其美簇拥着孙中山，在欢呼声中登上码头。

此前，同盟会为了造势，鼓舞士气，宣传孙中山在海外募集了巨款，并且有外国政府贷款支持，《申报》就数次报道他购买战舰、兵舰带回国内的消息。很多媒体都在猜测孙中山回国带了多少资金回国，所以孙中山一上岸，许多记者就问他："您这次带了多少钱回来?"孙中山就笑着回答说："我如今不名一文，带回的只有革命精神而已！"

临时大总统

1911 年 11 月 7 日，黎元洪通电各省起义独立的军政府，提出建立中央政权的问题，9 日又通电各省，希望派代表到武昌，筹商组建临时政府之事。11 月 11 日，已经光复的江苏、浙江两省都督，联名致电上海都督陈其美，提议将代表大会放在上海召开。很快，山东、湖南等 7 地代表到达上海。

孙中山到达上海后，革命党人备受鼓舞，独立的各省来电表示欢迎，许多团体也致电，要求选举孙中山为大总统。孙中山不顾旅途劳累，立即召开同盟会最高干部会议，讨论组织临时政府问题。经过讨论，会议决定选举孙中山为临时大总统。但是在讨论政府组织方案时，宋教仁主张采取内阁制，而孙中山则主张采取总统制，不设总理。大家争论了很长时间也没有定论，最后，决定到南京与各省代表商定。

12 月 29 日，代表们按会议预定程序开始选举中华民国临时政府大总统。来自 17 个省的代表早早来到了会场，还有两名华侨代表也前来列席会议。由于这是中国历史上首次民主选举国家元首，莅临大会的代表个个激动不已。在南京的军、学界人士得知正式选举临时大总统的消息，也纷纷前来旁听。

投票结果是，孙中山得 16 票，黄兴得 1 票。孙中山以超过投票总数三分之二的票数，众望所归，当选为中华民国第一任临时大总统。当选举结果公布时，众人欢呼，在场军、学各界互相祝贺。孙中山当选临时大总统的消息一经传出，全国人民和海外侨胞兴高采烈，一片欢腾，国内外的贺电如雪片般飞来。

对很多代表来说，直到选举前两天他们才第一次见到传闻已久的孙中山本人。伟大的革命斗争造就了孙中山，这位中国近代史上最有威望、最有影响、最有经验的人物当选为中国第一任临时大总统，完全符合中国人民的意愿。

12 月 31 日，参议院决议 1912 年 1 月 1 日为中华民国元年正月一日，临时大总统孙中山于南京就职。1912 年 1 月 1 日上午，孙中山从哈同花园出发，到上海北站参加热烈的欢送仪式。行前，孙中山曾就赴南京任总统之事对助手陈其美说："我辈革命党，全不采仪式，只一车足矣。"11 点，专列才启动前往南京。专列沿沪宁铁路北上，沿途各站迎送的群众很多。列车经过苏州、常州、镇江等站，"共和万岁"的呼喊声响彻数里之远，到车站迎送的人群均超过万人。一路上，孙中山频频向大家挥手致意。火车走走停停，直至下午 5 时许，才开进南京下关火车站。此时的南京城内，到处张灯结彩，百姓填街塞巷，欢声雷动，热烈欢迎孙中山的到来。

孙中山到达南京下关火车站后，作了短暂停留，又坐上城内江苏省铁路小火车。在东箭道的车站下车后，孙中山换乘一辆蓝色丝绸绣花马车，一路上民众夹道欢呼，到处张灯结彩。总统府设在太平天国的天王府旧址。

冬日的夜晚阴冷灰暗、寒风刺骨，但丝毫不能影响到孙中山等人的高涨热情，多年奋斗终于迎来这神圣的时刻。

典礼上，各省代表、陆海军代表以及各国领事等齐聚一堂，大堂左右立柱悬有同盟会纲领："驱除鞑虏，恢复中华，建立民国，平均地权。"大堂上，并排挂着象征汉、满、蒙、回、藏共和的五色旗，分列两边的是武昌起义时使用的铁血十八星旗，大堂中间则用绳索悬挂着万国旗。孙中山身穿礼服，庄严地宣读了《大总统誓词》。誓词如下：

倾覆满洲专制政府，巩固中华民国，图谋民生幸福，此国民之公意，文实遵之，以忠于国，为众服务。至专制政府既倒，国内无变乱，民国卓立于世界，为列邦公认，斯时文当解临时大总统之职。

谨以此誓于国民。

中华民国元年元旦

孙文

孙中山就任临时大总统职位，正式宣告中华民国临时政府成立。他还发布《临时大总统宣言书》，明确中华民国临时政府的任务、对内方针、对外方针等。宣誓之后，代表会将大总统印授给了孙中山。典礼结束后，孙中山将代表送出大厅，代表很是过意不去，孙中山却觉得理所应当，他自认是人民的公仆，亲自送人民的代表是应该的。孙中山的办公住宿设施也很简单。因为财政紧张，孙中山将两江总督署内的西花厅作为“临时大总统办公室”，起居室是署内不远处的曾供幕僚居住的两层小楼。

1月2日，临时大总统孙中山发布《改历改元通电》，规定：中华民国改用阳历，以黄帝纪元四千六百零九年即辛亥十一月十三日，为中华民国元年元旦。通电还宣布，以1912年1月1日作为中华民国建元之始。

成立新政府

当选第二天，孙中山以临时总统身份召开各省代表会，通过了《临时政府组织大纲修正案》，并开始组织临时政府工作。民国政府设置陆军、海军、外交、司法、财政、内务、教育、实业、交通共 9 个部，并将“部长”改称“总长”。

1912 年 1 月 3 日，代表大会正式表决、通过了新政府的成立，政府成员名单如下：

临时大总统：孙中山

临时副总统：黎元洪

总统府秘书长：胡汉民

陆军总长：黄　兴　次长：蒋作宾

海军总长：黄钟瑛　次长：汤芗铭

外交总长：王宠惠　次长：魏宸组

司法总长：伍廷芳　次长：吕志伊

财政总长：陈锦涛　次长：王鸿猷

内务总长：程德全　次长：居正

教育总长：蔡元培　次长：景耀月

实业总长：张　謇　次长：马君武

交通总长：汤寿潜　次长：于右任

至此，以孙中山为首的中国第一个以选举产生的民主共和国政府宣告组成，这也是亚洲历史上第一个共和国。9位总长中，只有黄兴、王宠惠和蔡元培是同盟会成员，其余皆为清末官僚。中华民国建立，中国开始了新纪元。

面对南北分裂的局面，孙中山决定发动北伐，统一全国，并亲自担任北伐总指挥。孙中山与黄兴将各省民军统分为六路：以鄂湘为第一军，由京汉路北上；在江苏的各省民军为第二军，沿津浦路北上，与第一军会合于开封、郑州之间；淮扬为第三军，共同北攻；烟台为第四军，攻青岛、济南，进占山东；秦皇岛合关外之兵为第五军，对京津取包围之势；晋、陕为第六军，向东前进，配合其他各军会攻北京。随后，孙中山又电令广州代都督陈炯明，要他率军赴南京参加北伐。布置停当后，孙中山即下令北伐。

南京政府的北伐令发出不久，第二军柏文蔚部即于1月13日大破北洋军张勋部于宿州，接着进占徐州，首战告捷。第一军则出河南邓州，直逼宛、洛，吓得在湖北的北洋军急忙将大营撤至河南信阳。与此同时，烟台的第四军与关外的第五军也相继发起了进攻。

此时，南京临时政府举步维艰。在国际关系上，1月11日，南京临时政府以外交总长王宠惠的名义向各国政府发出通电照会，要求承认南京临时政府，但被列强各国一致拒绝。在法国巴黎，被电报委任为临时政府驻法国全权代表的留学生、同盟会员张翼枢受到法国政府的冷遇。1月17日，临时政府再次要求各国承认，西方各国仍是不予理会。在华的列强军队在北伐次日即对北伐军进行恫吓，停泊在上海的英国军舰驶入长江示威，德国军队阻止北伐军在秦皇岛登陆，日、俄军队则出兵东北、内蒙古。

与此同时，南京临时政府还面临迫切而严重的财政问题，军费开支巨大，赋税却难以征缴。列强还扣留了中国南方各省的海关关税，以免被南京政府用来充作军费。南京临时政府成立后，孙中山多次向英美银行协商借款，但外国银行不愿借钱给临时政府，孙中山只好将目光再一次投向曾帮助他革命的日本。1912年2月3日，日本财界、政界代表森恪与宫崎滔天、山田纯三郎到南京拜访孙中山，但此事很快被英美知晓。英国驻日公使马上拜会日本外相，迫使日本停止借款谈判。

列强的武力威胁并未吓倒南京政府，可是断绝财源是一个致命的打击。本来，独立各省早就各自为政，不仅截留了应上缴临时政府的各种款项，还伸手向临时政府索取拨款，而临时政府连必须支出的军费都无法筹措。

北伐开始后，每天到陆军部要求领取军饷的人络绎不绝，临时政府财政困难到了极点。南京当时有 10 余万军队，但军费没有来源，军队的伙食都不能保障。陆军总长黄兴穷于应付，焦头烂额，以致累得胃病复发，时常吐血。为解财政困难之危，孙中山与黄兴商议，决定向日本商人借债，以汉、冶、萍等煤矿作抵押，并发行国内军需公债。然而，黎元洪、孙武见临时政府用湖北的矿产抵借外债，立刻扬言要与临时政府脱离关系。

为缓解财政紧张的局面，孙中山不得不考虑采取一切可能的非常措施。1 月 8 日，孙中山批准发行中华民国军需公债，发行定额为 1 亿元。但临时政府根基不稳，民间应募者寥寥无几，向海外华侨发售公债，应购者亦不踊跃。柏文蔚派人拿着公债券到南洋劝募，最终却如数带回。最后，这笔公债只售出 700 多万。

孙中山为解决南京临时政府的财政困难，可谓耗尽心血，却收效甚微，招致一片反对乃至斥责之声。

袁世凯就职

武昌起义后，清政府仍试图作最后的挣扎。1911 年 11 月 1 日，袁世凯被任命为内阁总理，随即挥兵南下，占领了汉阳，与革命军形成南北对峙的局面。

12 月 1 日，袁世凯通过汉口英国领事向正齐聚汉口的各省代表提议休战。当时武昌城危在旦夕，革命党人同意商议。协商结果是，革命党人同意推举袁世凯为临时大总统，前提是他推翻清廷。黎元洪派伍廷芳为代表，袁世凯派唐绍仪为代表，双方议和。

12 月 9 日，唐绍仪南下，11 日抵达汉口，但革命党人坚持以上海为会谈地点。12 月 18 日，南方革命军政府所派代表伍廷芳与袁世凯所派代表唐绍仪在上海英租界市政厅开始进行和谈。南北议和正式开始。

其实，列强早就把袁世凯看作清政府之后列强在华利益的代言人。12 月 20 日，英、美、法、德、俄、日六国驻上海领事先后拜访了唐绍仪和伍廷芳，将一份备忘录交给他们，要求尽快达成有利于平息战乱的协议。

到 12 月底，双方共进行 5 次会谈。起初，双方争执不下，主要是对于国体的争论。伍廷芳代表革命派提出废除清政府、建立共和政府等条件；唐绍仪则代表袁世凯原则上表示赞成，但需筹划一个方案使之能和平解决，也就是表示支持君主立宪。南北议和即将达成和议。

孙中山于 1912 年 1 月 1 日就任临时大总统，袁世凯得知后十分生气，立即罢免唐绍仪议和之权，并否认了其与伍廷芳所议条款，然后积极备战，武汉前线清军向武昌开炮轰击。与此同时，南方也加紧北伐准备，南北形势顿时紧张。

在内外交困和重重压力之下，孙中山发表声明：只要清帝退位，袁世凯赞成共和，就推举袁世凯作大总统。这是因为南京临时政府成立后，各国对其政治上不承认，经济上封锁扼杀，军事上武力恫吓，舆论上恶毒攻击，而对袁世凯则予以全力支持。在南方，立宪派和旧官僚与袁世凯相勾结，极力迫使孙中山向袁让步；革命派内部妥协势力也逐渐居于上风。袁世凯虽然撤销议和代表，制造战争气氛，南北谈判活动却仍在暗中继续加紧进行。袁世凯见南方革命政府做出了妥协，便加紧逼迫清帝退位。

一方面，袁世凯收买隆裕太后身边的亲信，不断地给她灌输“倘能退位，则有优待，否则性命难保”的观念。另一方面，袁世凯会见英国公使，提出由清廷授权他组织临时政府的方案，让朱尔典出面斡旋。2 月 12 日，隆裕太后终于以宣统皇帝的名义下诏宣布退位。2 月 13 日，袁世凯拍电报向南京临时政府表示：“共和为最良政体，清帝既明诏辞位，永不使君主政体再行于中国。”

孙中山接到电报后即履行诺言，向参议院送交了辞去临时大总统职务的咨文，并向参议院推荐袁世凯继任临时大总统。因为袁世凯的势力主要在北方，为限制袁世凯，孙中山提出三个条件：第一，定都南京；第二，袁世凯必须到南京任职；第三，袁世凯必须遵守《临时约法》以及南京临时政府颁布的一切法令。但袁世凯早已看出孙中山的用意，他给南京临时政府复电，声称自己“德薄能鲜”，不敢承担总统一职。袁世凯的电报一公布，各方舆论纷纷对定都南京一事表示反对，就连一贯主张建都武昌的黎元洪，这时也改口支持定都北京，“以免酿成大患”。

孙中山决定派出以临时政府教育总长蔡元培为团长，外交次长魏宸组、海军顾问刘冠雄、参谋次长钮永建、法制局长宋教仁、湖北外交司长王正廷、前议和参赞汪精卫等为欢迎员的专使团，在袁世凯的议和代表唐绍仪的陪同下，于 2 月 21 日从上海启程，赶赴北京，迎接袁世凯南下，促使袁世凯尽快到南京就职。专使团阵容强大，仪式隆重。2 月 27 日，迎袁专使团抵达北京。

2月29日夜里枪声大作，北京东城和前门一带火光冲天，士兵突然哗变。当时专使团正在议事，一些士兵持枪闯入迎袁专使团的驻地，蔡元培等人仓皇逃到六国饭店。第二天哗变的范围迅速扩大，一时间人心惶惶，天津、保定的北洋军也纷纷出动，放火、抢劫、焚毁衙门，市民惨遭劫掠。

北京兵变后，东交民巷的外国公使团向袁世凯提出了强烈抗议，以外国人遭到抢劫为由，迅速作出反应，从天津等地调集卫队入京，以加强使馆区的巡逻警戒。公使团还威胁说，如果中国不马上恢复良好秩序、组建共和政府的话，他们将调集更多的兵力进入北京。

一时间舆论压力强大，孙中山、黄兴等只能放弃让袁世凯来南京就职的主张。因为“兵变”后，袁世凯虽然不再同专使团会面，却不时将各地变乱的电报派人送来，司马昭之心，路人皆知。

3月6日，经参议院表决：允许袁世凯在北京受职、宣誓、拟定国务院组成人员名单，电达参议院批准，然后接管南京临时政府，孙中山卸职，临时政府迁都北京。

1912年3月10日，袁世凯在北京宣誓就职。

第七章

艰难困苦

成立国民党

起兵讨袁

组建中华革命党

遇见宋庆龄

真假共和

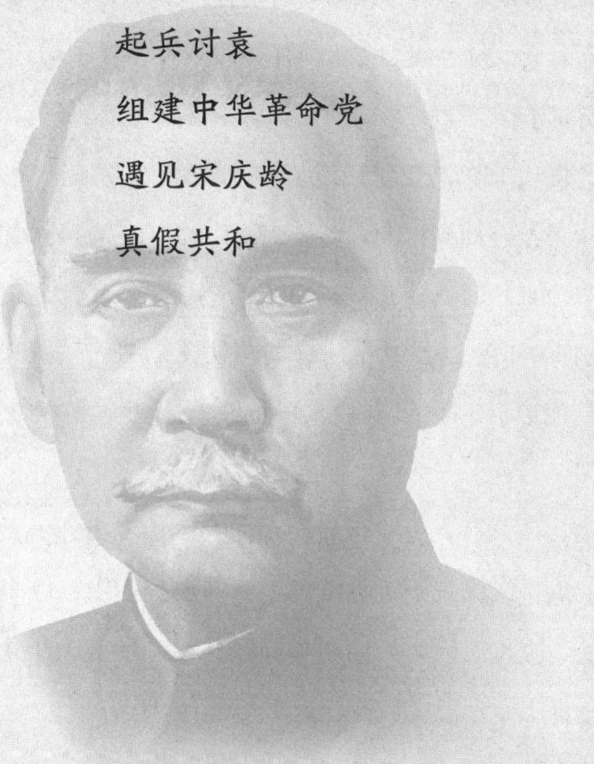

成立国民党

袁世凯就职后，信守诺言的孙中山于1912年3月31日辞去了临时大总统一职。袁世凯任命唐绍仪为民国第一任国务总理，并负责组阁。

自从1895年发动第一次广州起义失败后，孙中山已有17个年头没有回到广州。4月25日，卸任后的孙中山到达广州。孙中山到达时，广州城内万人空巷。5月底，孙中山又回到了阔别17年的故乡翠亨村，与卢夫人、长兄孙眉等亲人团聚。这是他最后一次回到故乡，他只在家里停留了3天，就返回广州。

1912年4月，袁世凯两次向孙中山发出北上共商国是的邀请。袁世凯派长子袁克定到上海迎接孙中山，以表“诚意”。6月底，袁世凯因内阁问题与同盟会发生冲突，于是再次电请孙中山北上，他急需借孙、黄两人之力调停。

孙中山在北京一个月期间与袁世凯会面 13 次。不久，袁世凯就特授孙中山以筹办全国铁路全权，接着又授予黄兴陆军上将衔。接着孙中山搭乘袁世凯赠送的慈禧太后所用的花车离开北京，巡视各地路政。黄兴则交出兵权，解甲归田。

这以后，同盟会的主要领导人物中，只有宋教仁还在为政治、为国家呼号奔走，以达到在中国实行责任内阁制的理想。从 1911 年武昌起义至 1914 年国会解散的 4 年时间里，除同盟会外，当时主要的议会型政党还有共和党、民主党、统一党、自由党、统一共和党、中华社会党、中华进步党等。全国公开活动的各种会党有六百多个，其中从事政治活动的党派有三百多个。宋教仁认为眼下党派过多、混乱纷立的局面并不利于“和平竞争”，只有组成真正强大的政党，形成两大党对峙的局面，才与共和立宪的原则相符合。

宋教仁将组织政党视为民主共和的头等大事，因为责任内阁制的核心在议会政治，而议会政治的重心在于政党制衡。民国初年，由于辛亥革命的成功和实现西方民主政治思想的刺激，当时的社会出现了一股组党、建党的高潮。宋教仁下决心“毁党造党”，这是因为原来的同盟会属秘密武装暴动的革命会党，带有一定的草莽气息。宋教仁要以同盟会为基础，将其改组为一个带有建设性质的议会型政党，建立一个在议会中占优势的政党，控制多数席位，将实权揽在手中，以制衡袁世凯。

宋教仁进行了积极而艰苦的努力，他终于整合出一个新党——国民党。这一政党是由同盟会与统一共和党、国民公党、国民共进会、共和实进会联合而成的。

袁世凯曾说过，无论是孙中山还是黄兴都好对付，最难对付的只有一个宋教仁。因为用暴动的手段来抢夺政权，袁世凯不害怕，他只怕以合法的手段，来争取政权。宋教仁则把矛头直指袁世凯，组建国民党，主张政党内阁。袁世凯非常清楚这一点，便使出了惯用的手法——对宋教仁进行收买。他先是允诺让宋教仁当总理，谁知宋教仁不恋权位、只重政见，坚辞不就。宋教仁认为总理之位必须通过堂堂正正的竞争选举，这样才能组成纯粹的政党内阁。封官许愿不成，袁世凯又改用金钱腐蚀，他赠送宋教仁价值3000元的貂皮外套，后又托人赠以高达50万元、可随意支取的存折一份。对此，宋教仁更是全部退回不受。

1912年10月，国会议员选举结果揭晓，国民党取得了参众两院总议席870席中的392席，得票率高达45%，国民党初选告捷。而统一党、共和党、民主党等三大党的参众两院席位相加，也不及国民党议席的三分之二。

1913年2月1日，宋教仁从湖南老家桃源出发，经长沙、武汉，而后又到南京、杭州、上海视察党务、宣传共和。3月初，袁世凯发电邀请宋教仁“速赴北京，商讨国是”。3月20日晚10时50分，黄兴、于右任、陈其美、廖仲恺等人到上海车站为宋教仁送行，没想到宋教仁刚进入月台入口，一颗子弹朝他打了过来，宋教仁中枪倒地。在被送往医院之后，宋教仁因伤势严重，于23日凌晨与世长辞。

国民党人认为宋教仁遇刺的幕后黑手一定是袁世凯，举国震动，舆论大哗。

起兵讨袁

1913 年 3 月，孙中山正准备率大批国民党随员访问日本时，宋教仁遇刺的噩耗传来，他立即中止访问，于 3 月 25 日返抵上海。当晚孙中山等人便在黄兴寓所召开国民党高级干部会议，商讨对策。孙中山建议发动革命反袁，可是国民党领导人中除了江西都督李烈钧和上海都督陈其美等人支持他，黄兴等多数人不同意发动革命反袁，而主张用法律手段解决。这一意见分歧导致二次革命迟迟不能发动。

袁世凯一方面阻挠宋教仁案的司法审判，一方面与英、法、德、日、俄五国银行团达成了贷款 2500 万英镑的协议，以充实军费。军事部署准备停当后，袁世凯指令黎元洪派兵威胁湖南；令云南都督蔡锷派军进入四川，压迫熊克武；令广西都督陆荣廷派军队进攻广东。袁世凯自己则亲自指挥北洋军，对江西和南京发动重点进攻。袁世凯以段芝贵为江西宣抚使兼第一军军长，进攻湖口和南昌；任命冯国璋为江淮宣抚使兼第二军军长，进攻徐州、蚌埠及安庆等地；任命张勋为江北镇抚使，率其辫子兵沿运河南犯，与冯国璋军一起攻打南京。黎元洪见袁世凯对革命党下手，也在湖北大肆搜捕革命党人。5 月 15 日，袁世凯抢先下手，下令剥夺黄兴陆军上将衔；6 月 9 日，免去李烈钧的江西都督职位；14 日，免去胡汉民的广东都督之职；30 日，撤免柏文蔚安徽都督之职。“法律解决”的愿望很快就被袁世凯的强硬态度碾得粉碎。

认清现状后，黄兴沉痛地认可了孙中山的建议，只有发动二次革命才有希望救中国了。计划确定后，黄兴乘火车抵达南京，召开紧急军事会议，决定了举兵计划，第一师和第七师布置在淮、扬一带，防守长江要塞，阻止张勋部增援；第九师加上从第八师中抽出的一个混成团，共同配合，在蚌埠铁路沿线抵御冯国璋的南下军队。与此同时，被袁世凯撤免的江西都督李烈钧也在湖口组织讨袁军，发表讨袁通电，与黄兴遥相呼应。

一切布置完毕后，黄兴又到江苏都督府会晤程德全，开门见山地要他通电宣布独立，响应李烈钧的讨袁义举。程德全经黄兴再三工作，终于宣布独立，江苏所属的各地相继响应。但程德全对袁世凯心有余悸，他以到上海筹饷为名，离开南京去了上海。在南京和江西的影响下，孙中山领导的二次革命正式开始，各地革命党人纷纷响应，黄兴担任讨袁军总司令，并发表宣言。

1913年7月17日，柏文蔚任讨袁军总司令，宣布安徽独立。18日，上海宣布独立，陈其美任讨袁军总司令。同日，广东宣布独立，陈炯明任讨袁军总司令。19日，许崇智逼迫福建都督孙道仁宣布独立，许崇智任讨袁军总司令。湖南及重庆等地也相继宣布独立，起兵讨袁。

北洋军水陆夹击，占领湖口，随即分兵三路，进攻瑞昌、德安。讨袁军节节失利，李烈钧逃亡日本，江西讨袁失败。张勋因江浙联军会攻南京时，被赶出南京，此次报仇心切，率师直扑南京。9月1日，张勋的部队炸毁城墙，攻进城内。在江西战场，讨袁军一度挫败北洋军李纯部的进攻。袁世凯急调驻泊武汉的长江舰队军舰赶赴湖口助战，同时敦促北洋后续部队增援。

革命党人控制的长江流域落入袁世凯的统治之下，国民党发动的反袁武装全部瓦解，孙中山、黄兴等一大批革命党人流亡海外，“二次革命”彻底失败。

袁世凯已将对手消灭殆尽。10 月 6 日，参、众两院议员举行总统投票选举，本来袁世凯当选不成问题，但他仍然担心当天不能选出总统来。在议员都到会之后，袁世凯组织的所谓“公民团”包围了议会，声称不选出总统不准议员出来。议会投了两次票，袁世凯都没有得到法定应得的选票，被关在议会内的议员们精疲力尽，直到晚上才被迫选袁世凯为总统。

袁世凯当选后先取消了国民党的议员资格，各省议会也纷纷取缔国民党，于是，自辛亥革命以来国内拥有最大政治势力的国民党土崩瓦解了。

组建中华革命党

1913 年 8 月 9 日，孙中山、胡汉民一行到达日本神户，18 日转抵东京。黄兴化名冈本义一，于 27 日到达东京。李烈钧、柏文蔚、居正、谢持、许崇智、田桐、廖仲恺、熊克武、李根源、钮永建、程潜、方声涛、邹鲁、谭人凤、李书城等人先后到达日本。陈其美、戴季陶等在二次革命失败后，也相继到达日本。

孙中山到达日本后，总结了二次革命失败的教训，深切感到国民党内部思想混乱，组织严重不纯。此次失败并不是说袁世凯的兵力有多强，而是党内人心涣散，已不能领导革命继续前进。

孙中山决心要缔造一个组织严密的“中华革命党”，以实行民权主义、民生主义为宗旨。1913 年 9 月 27 日，孙中山亲手拟定中华革命党入党誓约，规定凡欲加入中华革命党者，无论其在党的资格如何深久，皆须重写誓约，加按指模，以示革命决心。

誓约全文如下：

立誓人某某，为救中国危亡，拯生民痛苦，愿牺牲一己之生命、自由、权利，附从孙先生，再举革命，务达民权民生两主义，并创制五权宪法，使政治修明，民生乐利，借国基于巩固，维世界之和平，特诚谨矢誓如左：

一、实行宗旨；二、服从命令；三、尽忠职务；四、严守秘密；五、誓共生死。从兹永守此约，至死不渝。如有二心，甘受极刑。

中华民国　省　县（捺指模）

中华民国　年　月　日

中华革命党的这种帮会色彩，让许多人难以接受，这份誓词也遭到了几位老同盟会中坚人物的反对。黄兴认为“附从孙先生，再举革命”一句不妥，不能用“附从”，立誓约、按指模，更是培养个人专制、侮辱党员人格；李烈钧说“牺牲一己之自由，附从党魁为屈辱”，并且反对按手印。孙中山指出，“附从孙先生”及每人加按指模，是想借此加强党的集中统一，纯洁党的组织。他说：“立誓约，订新章，一切皆有鉴于前车，而统一事权、服从命令为主要。”

中华革命党党章规定：党员按入党时间的先后，分为三等，在革命时期内享有不同的政治权利。凡在“三次革命”爆发前入党的，称“首义党员”，凡在革命时期入党的，称“元勋公民”，均享有一切参政、执政的优先权；凡在“三次革命”爆发后，革命政府成立前入党的，称“协助党员”，在革命时期内为“有功公民”，享有选举权和被选举权；凡在革命政府成立后入党的，称“普通党员”，在革命时期内称“先进公民”，只享有选举权而无被选举权。而在将来革命政府成立到宪法颁布前的整个革命时期，全部国家权力都归中华革命党党员所有，一切非党员都没有公民资格。黄兴则认为，将党员分成等级，许以不同的利益，是“以权利相号召”，与袁世凯以金钱、地位诱人的做法相差无几，已失去革命本旨。

孙中山与黄兴的矛盾日渐激烈，1914 年，黄兴决定前往美国。7 月 8 日，中华革命党设本部于东京，推选孙中山为总理。孙中山在总理之下特设协理一职，留给黄兴，不过黄兴直到逝世前始终没有入党，所以协理的位置也一直空着，孙中山没有另推他人担任。中华革命党本部设总务、党务、军务、政治、财政 5 部，由陈其美、居正、许崇智、胡汉民、张静江分任部长。其支部大多建于海外各埠，国内各省仅十几个。孙中山亲自委任了各省支部长，同时派遣党内骨干到海外各埠筹建支部。

通过努力，中华革命党在海内外组织系统不断完善，先后在海外建立了 39 个支部和 45 个分支部，新党员也不断增加，逐渐发展到了 1 万多人。自 1914 年 7 月至 1915 年 12 月，中华革命党先后发动大小武装起义 40 多次，以及多次暗杀活动。二次革命失败后，在袁世凯专制独裁的黑暗统治下，中华革命党高举讨袁义旗，孤军奋战，鼓舞和激发了国内人民的反袁斗志，在全国范围内牵制了袁世凯的军事力量。

遇见宋庆龄

1913 年，孙中山发动“二次革命”失败，流亡到了日本。在这种极其艰难的情况中，经宋耀如和宋霭龄引见，宋庆龄与孙中山会面。当时，宋庆龄的姐姐宋霭龄是孙中山先生的英文秘书，已和山西首富孔祥熙订婚，即将结婚。宋耀如也在孙中山先生身边工作，主要帮助孙中山理财，支持他正在筹划的一次新的革命行动。当宋庆龄站在孙中山面前的时候，孙中山着实大吃一惊，说道：“你长高了，如今是个大姑娘了，19 年前我还抱过你哩！”此后，宋庆龄便成了孙中山先生办公室的常客。宋庆龄很快地熟悉了中山先生进行革命工作的环境和需要。在宋庆龄留美归来一个月后，宋霭龄正式向中山先生提出辞职。宋庆龄接替姐姐的秘书工作后，很快进入角色，令孙中山十分吃惊。宋庆龄不仅在工作上帮助了孙中山，更在精神上支持孙中山。

由于工作的缘故，孙中山和宋庆龄接触多了，国家大事，家庭琐事，无所不谈。孙中山为人豪爽，他不但谈自己的工作，也谈自己的家庭，二人之间感情逐渐加深。宋庆龄在孙中山身边工作了半年多后，革命形势也发生了深刻的变化。1914 年 7 月 8 日，孙中山创立的政党——中华革命党在日本正式成立。孙中山真切地感受到了宋庆龄对他在事业和精神上的支持。

1915 年 6 月，宋庆龄特地为她和孙中山的婚事返回上海，征求父母的意见。宋家上下震惊，宋庆龄的父母更是震怒惊骇，宋母哭着劝宋庆龄说：“孙文已有妻室，儿子孙科比你还大，你们两人年纪相差悬殊。”宋庆龄却心意已定，父亲决定将她软禁在家。孙中山的友人，如与他患难与共的亲密战友胡汉民、朱执信、汪精卫、廖仲恺等都纷纷表示异议，并试图劝阻，但孙中山坚决地说：“不，我不会改变心意。如能与她结婚，即使第二天死去亦不后悔。”

1915 年 6 月，孙中山将原配夫人卢慕贞从澳门接到日本办理离婚手续，尽快与她解除婚姻关系。10 月，宋庆龄在女佣的帮助下，跳窗逃走，孙中山派人把宋庆龄从上海接过来，前往日本。10 月 24 日中午，孙中山到东京车站迎接她。1915 年 10 月 25 日，49 岁的孙中山和 22 岁的宋庆龄，在东京市政府办理了结婚手续。

当天下午，两人在日本友人梅屋庄吉家举办婚礼。梅屋庄吉是常年在中国做生意的日本人，孙中山与其年轻时就相识。

梅屋庄吉多次帮助孙中山筹集钱款和枪支，支持中国革命。由于孙中山的大多数中国友人反对这场婚礼，到场致贺的中国人很少。宋耀如在女儿“私奔”后，立即与妻子搭船赶至日本拦阻。婚礼行将结束时，宋耀如才赶到了梅屋庄吉家的大门口，他站在那里高喊：“我要见抢走我女儿的总理！请你们放我进去！”屋内一阵哗然。孙中山走到大门口的台阶上站定，说：“请问，找我有什么事?”暴怒的宋耀如却平静了下来，说道：“我的不懂规矩的女儿，就拜托给你了，请千万多关照!”然后磕了三个头。宋氏夫妇阻止女儿和孙中山结婚失败后，仍送了一套古董家具和百米绸缎，给宋庆龄做嫁妆。后来，宋耀如又与孙中山重归于好。

在婚礼上，孙中山送给新娘的礼物不是首饰珠宝，而是一支手枪。孙中山说：“这枪配了 20 颗子弹，19 颗给敌人准备，最后一颗，是危急时留给自己的。”宋庆龄一生都精心地收藏着这支手枪。

孙中山与卢慕贞离婚后，一直关心着卢慕贞的生活和健康，他还与卢慕贞保持着书信往来。卢慕贞则一直蛰居于澳门，直至去世。

真假共和

1914年1月10日，袁世凯直接解散了国会，并且废止《中华民国临时约法》，袁世凯的北洋集团在中国真正占据了主导地位。1915年12月12日，袁世凯称帝，蔡锷等人发动护国战争，反对袁世凯称帝。在一片反对声中，袁世凯被迫取消帝制，随后于1916年6月6日病死。袁世凯死后，北洋集团势力仍旧统治着中国。但此时北洋军阀已分裂为大大小小的军阀：以段祺瑞为首的皖系、以冯国璋为首的直系、以张作霖为首的奉系，还有不属于北洋系统的中小军阀，如山西阎锡山的晋系、云南唐继尧的滇系、广西陆荣廷的桂系、湖南谭延闿的湘系等，他们相互厮杀拼斗。

孙中山在日本得知国内袁世凯称帝以及护国战争打响的消息后，决意回到国内，参加反袁斗争。1916年4月，孙中山向在美国的黄兴发出了邀请，与廖仲恺、戴季陶、张继等由日本启程，返回上海。

1916年6月，南北暂时表面归于统一，黎元洪接任大总统职位，恢复《临时约法》和国会，但实权掌握在国务总理兼陆军总长、皖系军阀头子段祺瑞手中。第一次世界大战中，段祺瑞政府在日本帝国主义指使下，决定对德绝交宣战，参加协约国阵营。他组成“督军团”，胁迫国会通过参战议案，企图借机取得日本贷款，进一步扩充皖系实力，这遭到黎元洪的反对。黎元洪于1917年5月罢免了段祺瑞的职务。段祺瑞离京，不承认黎元洪的免职令，并煽动各地军阀倒黎，通电黎元洪解散国会，“府院之争”形成。

1917年，一心想复辟清王朝的安徽督军张勋借“府院之争”率“辫子军”5000人北上。张勋控制北京后，于7月1日把13岁的溥仪重新扶上皇帝宝座，演出了复辟帝制的丑剧。段祺瑞借机组成“讨逆军”，赶走张勋后，他以“再造共和”的元勋自居，借口清廷的复辟已使民国约法中断，拒绝恢复民国元年的《临时约法》和国会，提出要另订新约法，另组新国会。段祺瑞请冯国璋出任代理大总统，自己则任国务总理兼陆军总长，再次掌握中央政府大权。

7月3日，孙中山在上海召集在沪陆海军及国民党要人讨论拥护共和、出师讨逆计划，决定在南方另行召集国会，组成临时政府。4日，孙中山致电参众两院议员，号召议员南下护法。当时控制广东的桂系军阀为确保两广地盘，借助护法，反对段祺瑞的武力统一，并想向湖南扩张势力，表示欢迎孙中山来广东护法。

7月，孙中山和章太炎、朱执信、廖仲恺、陈炯明等离开上海南下，17日到达虎门，19日到达广州。孙中山再次电请国会议员南下开会，并致电段祺瑞，揭穿他非法复任国务总理的阴谋。段祺瑞对孙中山的警告置若罔闻，他自认是“再造共和”，不再召集国会，反而修改了国会组织法，重组国会，于是国会议员纷纷南下。在广东各界欢迎会上，孙中山发表演说，指出当今变乱，实际上是真共和与假共和之争，而且认为假共和的祸端比真复辟还要大，只有打倒假共和，才能建设真共和。

当时的军政府最需要的是能够控制掌握的军队，所以孙中山在组织军政府期间，曾多次致电留居在上海的岑春煊、广西的陆荣廷和云南的唐继尧，请他们到广州来“共商要政”，但都被对方称病拒绝。海军总长程璧光于7月4日发表讨贼檄文，痛斥张勋复辟，最早响应孙中山护法号召。这样，孙中山只得到了海军的支持，陆军则完全不听调遣。

7月25日，国会议员在广州召开了国会非常会议，31日，通过《中华民国军政府组织大纲》13条，规定中华民国为戡定叛乱、恢复《临时约法》，特组织中华民国军政府。军政府设大元帅1人，元帅3人，由国会非常会议分别选举。《临时约法》的效力完全恢复，中华民国之行政权由大元帅行使，大元帅对外代表中华民国，元帅协助大元帅筹商政务。

9月1日，会议选举孙中山为中华民国军政府大元帅，唐继尧、陆荣廷为元帅。于是，中国分裂为南北两个政府。同一天，非常国会还选举了各部总长。孙中山任命章太炎为秘书长。

1918年2月26日，海军总长程璧光被刺杀，海军内部开始分化。一些官兵甚至企图脱离军政府回上海，孙中山又失去了一支有力的依赖力量。5月20日，非常国会在广州再次召开，逼迫孙中山辞去大元帅职，选举唐绍仪、唐继尧、陆荣廷、伍廷芳、孙中山、林葆怿、岑春煊为军政府政务总裁，军政府领导权落入以桂系为首的西南实力派手中。孙中山处于有名无实的状态，身为“元帅”，却调动不了任何军队。选举次日，孙中山愤然离开广州，前往上海。

第八章

成就伟业

三民主义

整军北伐

陈炯明叛变

中国共产党

国共合作

北上共商国是

病入膏肓

留下遗言

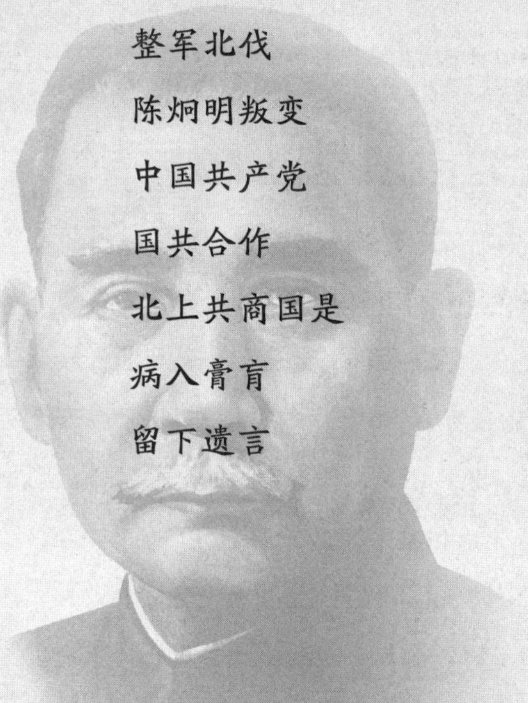

三民主义

无穷无尽的新矛盾，使孙中山陷入了对中国前途命运的新的思考中。1918 年 5 月至 1920 年 11 月，孙中山寓居上海，除完成出版著名的《建国方略》外，还拟订了一个庞大的写作计划。其中“三民主义”中的《民族主义》已经脱稿，《民权主义》《民生主义》初稿也已完成。

1919 年 10 月 10 日，孙中山正式宣布将中华革命党改建为中国国民党，以中国国民党名义发表《通告》及《中国国民党规约》，党名前加“中国”二字，以区别于 1912 年宋教仁组建的国民党。此后不久，被岑春煊、陆荣廷等人窃据的广州军政府发生了桂系和滇系间的矛盾与斗争，国内形势发生了变化。1920 年 2 月，驻广东桂、滇两军发生武装冲突，唐继尧、伍廷芳、林森等宣布脱离军政府，经香港转赴上海。国会中很多议员也因不满桂系而离开广东前往上海。一时间到达上海的国会议员有300余人，他们发表共同宣言，拒绝承认广州军政府。6月3日，孙中山与唐绍仪、伍廷芳、唐继尧以“四总裁”名义，共同发表宣言，指责广州军政府私自与北京议和，牺牲护法主张，并声明将军政府及国会移往云南。

孙中山又派徐绍桢为两广讨贼军总司令，命朱执信、廖仲恺、蒋介石去福建漳州，敦促陈炯明誓师回广东，讨伐桂系，但陈炯明以“饷械不足”为由，延缓出兵日期。这时直系首领冯国璋病死，皖系段祺瑞借机复出，直系头子曹锟又联合吴佩孚发动第一次直皖战争。北方皖系急盼闽粤军尽快回师广东、驱逐桂系，于是派人与孙中山密谈，愿以接济50万元军费、600万发子弹为条件，助粤军回师。

1920年8月12日，陈炯明在漳州公园举行誓师大会后，兵分三路向粤东进军。10月29日攻占广州，桂系势力退守粤西一线，广东又重回孙中山领导的革命党人手中。11月10日，孙中山任命陈炯明为广东省省长兼粤军总司令。

1920年11月，孙中山与伍廷芳、唐继尧、宋庆龄等回到广州，广州军政府重新建立，重开政务会议。流亡到各地的国会议员也纷纷回到广州。为使政府工作走上法治轨道，1921年4月7日，孙中山在广州召开国会两院非常会议，林森任会议主席，并主持了会议。会议决定废除军政府，通过《中华民国政府组织大纲》，并选举孙中山为非常大总统。

5月5日，孙中山在广州就任中华民国非常大总统一职，并发表就职宣言和对外宣言。在对外宣言中，他表示："列强及其人民依条约契约及成例，正当取得之合法权利当尊重之。"对国内天然资源的开发主要实行"开放门户主义，欢迎外国之资本及技术"的政策，希望各国承认广州政府"为中华民国唯一之政府"。

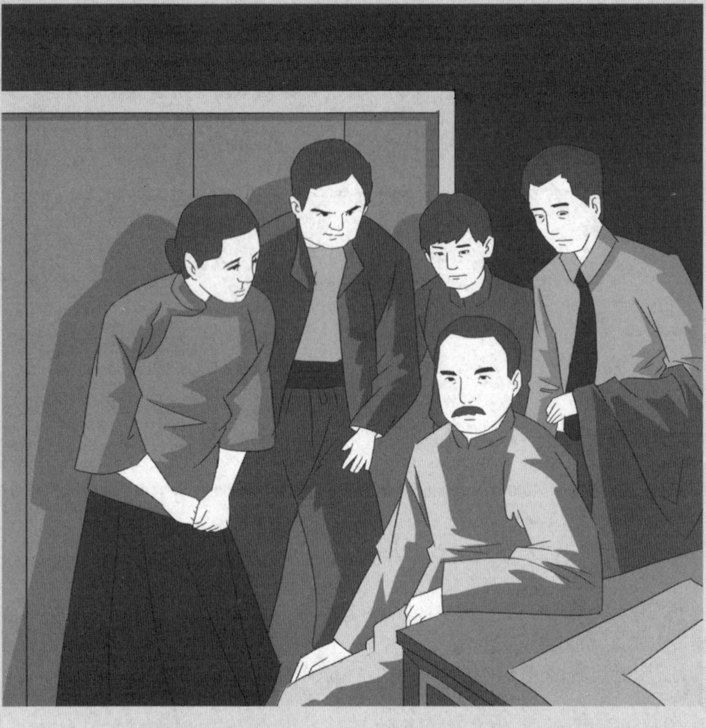

5月6日，孙中山任命国务院各部长官。伍廷芳被任命为外交总长，唐绍仪为财政总长，陈炯明为内政总长兼陆军总长，汤廷光为海军总长，李烈钧为参谋总长，徐绍帧为总统府参谋长，马君武为总统府秘书长。但被任命为财政总长的唐绍仪因不同意孙中山的主张，并未就职。当日，20 万广州居民举行了空前热烈的庆祝盛会，晚间举行提灯大会，以示祝贺。

建立了正式政府之后，为求全国统一，孙中山劝北洋系的总统徐世昌退位。徐世昌则积极策划围剿广州革命政府。他以重金收买失去广东地盘不久的陆荣廷，请他出兵进犯广东。孙中山任命陈炯明为总司令，率军反击。陈炯明的粤军势如破竹，桂军溃不成军，一败涂地，以陆荣廷为首的旧桂系军阀覆灭。

整军北伐

平息了桂系军阀之乱后，孙中山开始积极整军北伐。1921年1月12日，非常国会在广州复会。孙中山号召国民党人，像推翻清政府和袁世凯那样，再发动一次全国性的革命，来推翻北洋政府。他宣称："北京政府实在不是民国政府。我等要造成真正民国。"陈炯明却对"北伐"持强烈的反对意见，在他看来，一旦广东成立正式政府，南北之间将再次陷入战争之中。

陈炯明是前清举人，早年参加同盟会，策划了广东独立，可以说是文武全才。他在黄花岗之役中为敢死队第四队队长，准备亲自去炸广东水师提督府，虽然没有成功，但也可看出他的胆色。辛亥革命后，陈炯明主政广东，禁烟禁赌，改革教育，发展经济，提倡新文化运动，还曾邀请陈独秀担任广东教育行政委员会委员长，支持共产党领导的工会组织和报纸，推行地方自治，致力于把广东建设成为全国模范省。二次革命失败后，陈炯明对孙中山改组的中华革命党表示明确不满，赌气带了一批人去南洋开办橡胶公司，和孙中山断了往来。后来，他从南洋回到上海，专门拜见孙中山并且表明自己的悔过之心，孙中山就原谅了他。

作为孙中山倚重的一股重要军事力量，陈炯明的基本武装是粤军。粤军是孙中山亲自组建交给陈炯明指挥的，可是陈炯明把粤军看成是他个人的武装，把广东看成是他个人的地盘，不仅不把孙中山、国民党和军政府放在眼中，甚至还觉得是极大的累赘。

1921 年 10 月，国会非常会议通过了孙中山提出的北伐议案。在巡视北伐准备的过程中，孙中山到南宁商谈北伐事宜，多次召见陈炯明，反复向其说明北伐的重要意义，希望他不要错过时机。但陈炯明仍然主张先定省宪，以确立民治的基础；再议国宪，循序渐进地推进统一。他说自己并不反对北伐，只是现在兵疲将惫，囊空如洗，根本不可能远征北方。孙中山致电陈炯明催付北伐费 400 万元，陈炯明电复只付 200 万元，而且还要等到北伐军出发后再交。孙中山收到电报后极为愤怒，想罢了陈炯明的职。胡汉民唯恐事情闹大，造成内部分裂，因此竭力居中调停。孙中山后来又多次电召陈炯明回广东，但陈一拖再拖，拒不回去。

1922 年 2 月 3 日，孙中山以大元帅名义发布动员令，十余万大军分多路出师北伐。但由于连年战乱，湖南方面宣布保境息民，公开拒绝北伐军入境。3 月 26 日，孙中山在桂林召开会议，决定班师回广东，改道江西北伐。4 月 9 日，孙中山下令在广西的北伐各军一律返回广东。军队到了梧州，陈炯明才知道。

16 日，孙中山在梧州召开军事会议，陈炯明仍避而不见。孙中山非常愤怒，想将陈炯明的总司令、陆军总长、内务总长、省长等职一概免去，但胡汉民怕操之过急会生变乱，极力劝阻；另一面，胡汉民又劝陈炯明去孙中山面前认错。但孙中山等了 3 天，陈炯明还是没有出现，孙、陈二人的矛盾激化。孙中山随后解除了陈炯明粤军总司令一职，令其所属部队直属大元帅。

4 月 23 日下午，孙中山在越秀山总统府召开会议。大家有两种意见：一是主张暂缓北伐，先清理内患，解决“陈家军”；二是立即转道北伐，避免与陈炯明直接冲突，双方仍留转圜余地。

当时正值第一次直奉大战爆发。孙中山与奉、皖军阀一直有秘密接洽，结成三角同盟。孙中山深感这是联合奉、皖军阀，夹击直系的千载良机。但出乎意料的是，直奉开战仅一周，奉军便被吴佩孚击败，狼狈退回关外。5 月 4 日，孙中山以陆海军大元帅名义下令从韶关北伐，李烈钧为北伐军总司令，许崇智为三路总指挥。北伐军在前进途中纪律严明，势如破竹。

由于孙中山曾一再发表政治宣言，承诺只要徐世昌下台，他也将同时下野。北洋总统徐世昌在巨大的压力之下，宣布辞职。因此，舆论普遍认为，徐世昌下台后，南北将停止内战，和平统一有了一线希望。

陈炯明叛变

5 月 8 日，孙中山委任陈炯明的部下叶举为粤桂边督办，以示对粤军的信任，然而叶举并不领情。粤军虽然打着迎陈复职的旗号，但内部已经开始分化。一派要求陈炯明马上回广州，恢复所有职务，统领大局。另一派则不满陈炯明对孙中山的态度，认为他过于软弱，希望由叶举来领导粤军，与孙中山彻底决裂。如果陈炯明不同意，就请他出洋，或者继续留在惠州休养。5 月 20 日，叶举率领六十多营粤军，突然开入省城。

1922 年 6 月 1 日，孙中山自韶关到达广州，一是想震慑陈炯明部队，二是想让前方将士知道后方并无变故，可以安心前进。到广州后，孙中山想马上召见叶举等当面谈话，解决军饷和移防问题，但叶举借故在一天前离开了广州，孙中山非常愤怒。

6 月 2 日，孙中山在总统府设宴招待粤军将领，竟没有一个高级军官应邀前来，只来了几个中下级军官。陈炯明则在惠州隐居，各界吁请陈炯明回广州的函电铺天盖地，并且见诸报端；前往劝说的使者，络绎不绝。

6月15日夜，有一通匿名电话称今夜粤军将有行动，务请总统离开总统府。孙中山认为是谣言或陈系军人故意威胁，没有相信。午夜12时后，秘书林直勉、参军林树巍前后奔来总统府报告，传说今夜有人造反，请总统离府暂避。孙中山依然不肯，坚决不肯离开，他认为陈炯明虽然恶劣，总不至于叛变。就在这时，总统府外忽然响起了尖厉的号声，接着到处号声齐鸣。陈炯明叛变的消息证实了，这时已是午夜3时多。众人劝孙中山暂离总统府，他还是不肯离开。林直勉和林树巍等于是强行拉着他离开总统府。

这时，总统府附近已由粤军布哨，不能自由通行，林直勉等人带着孙中山，历尽艰辛，来到长堤海珠的海军总司令部。海军总司令温树德已获知粤军叛变，听说孙中山微服抵达，连忙率领高级海军幕僚侍从和孙中山一起登“永丰”舰，并立即召集各舰舰长前来商量应变之策。这艘舰是1910年向日本订购的，1917年，北洋舰队第一舰队司令林葆铎拥护护法运动，脱离北京政府，率领舰队开赴广州。自陈炯明叛乱后，孙中山一直以此舰为座舰，指挥舰队和陈的叛军作战。他逝世后，此舰改名为“中山”舰。从1922年6月16日到8月9日的55天，孙中山一直住在此舰上。

孙中山移驻“永丰”舰后，令卫戍司令魏邦平所部集中大沙头策应海军，恢复广州，并告诉外交部长伍廷芳说："今天我要率舰队击破逆军，戡平叛乱。否则中外人士一定认为我没有戡乱的能力，并且不知道我在何处。如果我潜伏黄埔，仅仅为了个人避难偷生，我将何以昭示中外？"伍廷芳表示赞同，他返回广州，通告各国驻粤领事严守中立。年逾八十的伍廷芳因连日忙于公事，旧病复发，几天后溘然长逝。孙中山闻讯后悲痛不已。

6 月 21 日，陈炯明控制下的广东省议会通电敦劝孙中山"下野"，宣称"推举"陈为"临时省长"。

23 日，海军各舰以全体官兵名义发出通告称：海军各舰人员只服从护法之孙大总统。凡是称服从陈炯明的，便是弃顺投逆。25 日，海军全体官兵更是宣布加入中国国民党，效忠孙中山。就在这一天，宋庆龄化装离开广州，经香港乘船到达上海，住在父母家里。

29 日，接到孙中山电报的蒋介石登上"永丰"舰，与孙中山会面。孙中山非常高兴地将海军的指挥权交给了懂军事的蒋介石。

后来孙中山得到确切消息：陈炯明正在制订袭击"永丰"舰的计划。在前方北伐军不利的情况下，继续留在广东有损无益，孙中山于 8 月 9 日乘英国军舰前往香港，然后转乘商轮到达上海。

陈炯明的叛变，是孙中山一生中遭遇的最惨痛的失败。蒋介石则通过此次陪同孙中山共同战斗的经历，成为孙中山最信任的助手之一。

中国共产党

1917 年，俄国爆发十月革命，世界上第一个社会主义国家政权建立了，即俄罗斯苏维埃联邦社会主义共和国。1920 年，苏俄外交人民委员会委员契切林写信给孙中山，想与中国争取解放的力量建立联系。直到 1921 年 6 月 14 日孙中山才收到这封信，这也是孙中山首次正式接获苏俄官方的来函。8 月 28 日，孙中山回信介绍中国目前的形势，还在信末很直接地表达了自己的愿望：我希望与您及莫斯科的其他友人获得私人的接触。我非常注意你们的事业，特别是你们苏维埃的组织、你们军队和教育的组织。

与此同时，1921 年 7 月 23 日，中国共产党第一次全国代表大会在上海举行。会议由于有法租界巡捕闯进了会场而被迫中断，最后一天的会议，便转到了浙江嘉兴南湖的一艘游船上举行。经过讨论，中国共产党的第一个纲领和决议在大会上通过了，党的领导机构——中央局也在此选举产生。

1921 年冬，通过中国共产党人的介绍，共产国际代表马林在张太雷的陪同下到桂林会见孙中山，从此建立了孙中山与中国共产党的联系，也打开了孙中山与列宁直接联系的通道。孙中山与马林在桂林恳切畅谈达一周之久。通过这次会谈，两人坦诚相见，孙中山先生了解了苏联革命的情况和成功的经验。

马林转达了有关列宁对中国革命的某些建议，如必须联合中国各个反帝反封建革命势力，组成一个包括工人、农民及各个革命阶级共同参加的政党；建立革命军队；设立培养革命军事干部的学校等。这些意见孙中山都表示赞同，他还对列宁的新经济政策特别感兴趣。不久，在一次高级干部会议上，孙中山就提出了“中国革命，以俄为师”的口号。

由于陈炯明叛变，回到上海的孙中山心情十分沉重。孙中山不得不寻找新的同盟者，重新思索革命的出路。1922 年 8 月 23 日，中共早期领导者李大钊来到上海莫利哀路孙中山的寓所中，讨论如何“振兴国民党，以振兴中国”，孙中山对李大钊的来访十分高兴。

1922 年夏，苏俄政府副外长越飞在来中国与北京政府商谈外交、商务等事宜的同时，派遣代表在李大钊和林伯渠的陪同下会见孙中山，孙中山和越飞直接通信，交换对中国国内革命情况和国际形势的看法。

孙中山与苏联政府代表越飞于 1923 年 1 月 26 日在上海签订

了《孙文越飞联合宣言》，这个宣言的发表标志着孙中山的联俄政策的正式确立，确定了苏联对于广州国民政府在财政、军备、政党重组和军队建设方面的援助。双方商定了中国共产党加入国民党的问题，还探讨了中苏联合反对帝国主义，苏联帮助中国建立军校、打倒军阀等问题。

得到苏联的支持后，孙中山开始致力于收复革命根据地。他在 1923 年 1 月 4 日发表了讨伐陈炯明的电报，号召各路部队一起讨伐陈炯明。在强大的军事压力下，被赶出广州的陈炯明不得不通电下野。2 月 15 日，孙中山与宋庆龄等离沪返广东。1923 年 3 月 2 日，一个特殊的党政军指挥机关——大元帅府在广州成立，孙中山就任大元帅。考虑到争取与北方的和平统一，孙中山决定不复任总统，以避免各方面的猜忌。

1923 年 8 月，孙中山派遣“孙逸仙博士代表团”赴苏联考察政治、军事和党务工作，并商谈苏联援助等事项，考察团由蒋介石率领沈定一、张太雷等人组成。同时，苏联政府应孙中山的请求，任命鲍罗廷为苏联驻广东国民党政府的代表前往中国。

10 月，孙中山聘鲍罗廷为顾问，让他协助改组国民党和筹建军校的工作。孙中山开始在苏联顾问鲍罗廷的帮助下对中国国民党进行大改组：加强组织与党员的训练及纪律，注重宣传及加强群众基础。廖仲恺与胡汉民等 9 人被任命为国民党临时中央执行委员，不久，国民党决定组织临时中央执行委员会上海执行部，廖仲恺到上海召集组织。

孙中山在考虑“联俄、联共”策略时，廖仲恺是极力赞成“联俄”的，其理由是：世界各国和中国都不能联络，我们在国际上正缺少朋友；现在俄国既诚心和我们联络，我们便不应该拒绝。孙中山决定改组国民党时，征询国民党内主要干部的意见，结果是赞成的少，反对的多。谢持、居正、张继、冯自由等元老极力劝阻。孙中山对他们说：“你们愿意跟着我革命的就来，不愿意革命的就走，我不能勉强拉你们来革命，你们也不能勉强我不革命。”

国民党在上海的党员对改组事宜疑问很多，孙中山特派廖仲恺前往上海当面解释。廖仲恺说：这次之所以必须要改组，是因为做事情以一面靠军事力量，一方面靠党员力量，但是我们党到了不改组不可的地步，目前只有干部，没有党员，非长久之计。当廖仲恺在上海时，鲍罗廷也来到上海，与中共干部会谈，并参加国民党会谈。

1924 年 1 月，中国国民党举行第一次全国代表大会，这次大会讨论了党章，推举了总理及中央执行委员，还发布了政纲、大会宣言等。孙中山在大会上对于“联俄、联共”策略作了详细公开的说明，还特别郑重地阐述了民生主义以释群疑。这是孙中山首倡革命以来集合全国各省代表于一堂的空前盛事。

“一大”《宣言》通过以后，孙中山很快发表关于三民主义的演说，公布《建国大纲》。三民主义演讲、《建国大纲》更准确地代表了当时孙中山的思想。

国共合作

1923年10月国民党党务讨论会通过了“设立陆军讲武堂”的提案。11月，鲍罗廷出席了国民党临时中央执委会会议，这次会议深入讨论了组织国民党志愿师和创建军事学校诸问题。不久，经国民党临时中执委审定，组织军官学校，由孙中山担任校长，指定廖仲恺和苏联顾问鲍罗廷筹划开办和选定教职人员。

1924年1月，孙中山指定以黄埔长洲岛的原清代水师学堂和陆军小学为军校校址。黄埔军校筹备处设于广州南堤，负责筹建的具体工作。5月5日，军校正式成立，因校址设在广州黄埔长洲岛上，人们习惯称之为“黄埔军校”。时间一久，它的正式校名——中国国民党陆军军官学校，反而鲜为人知了。

黄埔军校的特点之一，是参照苏联红军制度，实行党代表制，一切命令法规，必须党代表附署才能生效，把党和政治领导提高到首要位置上来。孙中山委派左派骨干廖仲恺为党代表，蒋介石为校长。军校的筹备工作，是由苏联顾问设计，国民党左派和共产党人完成的。这个学校的另一特点，是以政治教育为主，将政治教育与军事教育相结合。

蒋介石与孙中山在“永丰”舰上共患难的经历，让孙中山印象深刻，所以早在筹备之初，孙中山就将黄埔军校校长人选锁定为蒋介石。他甚至说：“新办的军校，如果不让介石来当校长，宁可不办。”在黄埔军校筹办工作展开的时候，遇到不少困难。2 月 21 日，蒋介石以环境恶劣、办事多所掣肘为由，提出辞职。孙中山没有批准，蒋介石还是擅自离开广州，去了上海。蒋介石出走后，黄埔军校一应筹备事务，全落在廖仲恺的身上。廖仲恺以大局为重，不断催促蒋介石回来。蒋介石得知孙中山对自己的擅自出走很生气，终于在 4 月 21 日回到广州，于 26 日到黄埔军校办公。

5 月 3 日，孙中山正式任命蒋介石为黄埔军校校长兼粤军参谋长，并允诺给予他办军校在人事与财政上更多的权力。廖仲恺亦于 5 月 9 日正式出任黄埔军校中国国民党代表，孙中山亲自兼任军校总理。

1924 年 5 月，学校从 1200 名考生中正式取录学生 350 名，备取 120 名，学生于 5 月 5 日开始入学。黄埔军校开学时间选在陈炯明叛变的日子——6 月 16 日，显然别有意义。孙中山到会场给青年作了热情洋溢的讲话：“要从今天起，立一个志愿，一生一世，都不存在升官发财的心理，只知道做救国救民的事业。”并亲自为黄埔军校拟定了办学宗旨，即“创造革命军，挽救中国的危亡”。孙中山还宣布训词：“三民主义，吾党所宗；以建民国，以进大同；咨尔多士，为民前锋；夙夜匪懈，主义是从；矢勤矢勇，必信必忠；一心一德，贯彻始终。”此训词后来成为国民党党歌及黄埔军校校歌。

黄埔军校前四期堪称国共合作的典范，此时正逢国共两党第一次合作，因而一些共产党员也参与了黄埔军校的建设。从欧洲回国的共产党人周恩来担任政治部主任。恽代英、萧楚女、叶剑英、聂荣臻、熊雄等先后任政治教官。当时的蒋介石也频频邀请国民党中央委员、各部部长及来广东的各省党部书记到黄埔军校参观演讲。身为共产党人的毛泽东此时代理国民党中央宣传部部长，也受邀到黄埔军校演讲。在 1955 年被授予军衔的解放军将帅中，有不少出身于黄埔军校，其中元帅 2 人，大将 3 人，上将 7 人，中将 9 人，他们是：徐向前、林彪、陈赓、许光达、罗瑞卿、陈明仁、陈奇涵、杨至成等。

从 1924 年 6 月至 1926 年 6 月北伐开始之前，黄埔军校先后办了 4 期，培养了约 5000 名军事干部。后来，参照苏联红军制度，从军到师、团、连，都设有党代表，部队中都有苏联顾问参加工作。在这个基础上，建立了著名的黄埔教导团后发展至第一旅、第一师、第一军（即后来的国民革命军第一军），这支军队在统一广东革命根据地的战争中曾取得了辉煌的战果。

黄埔军校从第 5 期开始随北伐军迁至武汉。1927 年蒋介石发动政变后，黄埔军校开始大肆清党，许多共产党人被驱赶、逮捕、杀害，国共合作的黄埔军校到此终结。1928 年 3 月，黄埔军校迁至南京，改名为“中央陆军军官学校”。

北上共商国是

1924 年 9 月，第二次直奉大战爆发。10 月，“北京政变”爆发，隶属于直系军阀的冯玉祥、胡景翼两军从热河前线潜回北京，联合京畿警备副司令孙岳，扣押北洋总统曹锟。冯玉祥发出通电，邀请孙中山北上，共商国是，并提出召开由各实力派参加的和平会议，产生正式政府。接到电报的孙中山当即回电，表示即日北上。

10 月，孙中山由韶关回广州，准备北上和张作霖会面，他先派孙科、谢无量赴东北通报消息。11 月，孙中山命令胡汉民代行大元帅职权，留守广州；令谭延闿主持北伐军事，办理大本营事务，电告张作霖即日北上。

11 月 10 日，孙中山发表《北上宣言》，在宣言中重申：必须打倒军阀及其赖以存在的帝国主义，废除一切不平等条约。他说：国民的命运，在于国民的自决。本党若能得到国民的援助，则中国的独立、自由、统一各目的，必能由奋斗而达到。

11月13日，孙中山与宋庆龄、李烈钧等20余人乘“永丰”舰启程，先抵达黄埔。黄埔军校校长蒋介石率全体官兵迎孙中山登岸与黄埔军校师生告别，这时黄埔一、二期学生正在对岸的鱼珠炮台一带实施战术演习，并作筑城工作，蒋介石陪孙中山前往检阅。

孙中山还在路上的时候，北京的时局却瞬息万变。11月15日，为了阻止长江地区的直系军阀势力北上，冯玉祥不得不与张作霖、卢永祥、胡景翼、孙岳五人联名把段祺瑞推上了临时总执政的位置。段祺瑞上台后，立刻把冯玉祥的国民军撤销。不久，冯玉祥又被调离北京，到张家口当西北边防督办。孙中山到北京的时候，见到的将是张作霖和段祺瑞，而不是冯玉祥了。

12月4日，孙中山乘“北岭丸”号抵大沽口，随后前往天津。天津学生、市民等群众团体搭起牌楼，张灯结彩。天津城到处燃放爆竹，大家沉浸在喜庆的气氛之中。有5万多群众在码头热烈欢迎孙中山的到来。当日午后，孙中山前往海河北曹家花园拜访张作霖，此时张作霖实际控制北洋政府。孙中山一行在张学良的引领下，来到了会客厅。张作霖让孙中山在客厅坐了很久，才出来见客。会谈中，张作霖的态度很冷淡，对孙中山软硬兼施，他一方面劝孙中山放弃联俄主张，由其做中介与各国公使修好，另一方面对孙中山言明自己反对共产党。

病入膏肓

1924 年 11 月，孙中山在黄埔和军校师生会晤，对于黄埔军校的卓越成就赞勉备至。不知这时是有预感，还是下意识的感慨，在离别前他竟黯然对校长蒋介石说：我这次去北京，明知祸福难以预料，将来能不能回来，实在不敢预测，不过北上是为了革命，是为了救国救民，虽有危险，亦何所惧？何况我已 59 岁，死也可以瞑目了。蒋介石听了孙中山这番话，十分诧异。孙中山流露出悲伤的表情说：人总有一死，只要死得其时。倘在两三年前，我就不能死，现在有了这么多好学生，可以完成革命工作，我死亦无憾了。

这时，上海和北京之间的交通由于军事影响，极为不便。孙中山为了赶赴北京，决定由日本绕道转赴天津。11 月 22 日，孙中山偕随员赴日本，23 日抵达日本长崎，在船上接见记者、政界人士和中国学生。24 日下午，孙中山一行抵达神户，欢迎人士众多，他前后在当地演讲 10 余次。30 日，孙中山离开神户前往天津，12 月 4 日至天津拜访张作霖。

由于劳累和受寒，孙中山自张作霖处返回，便感身体不适，浑身发冷发热，肝部隐隐作痛。原打算在天津稍事停留以尽早入京的孙中山，不得不在天津休养。孙中山在天津休养期间，密切关注政治情势的发展。由于他坚决主张国家至上、民族至上，使得列强对他颇不满意。他到天津时，法国领事竟不许他通过租界，也反对他在法租界居住。

1924年12月31日上午11时，病中的孙中山和宋庆龄、汪精卫等人由天津入京，住进北京饭店，医生开始诊断孙中山的病情。1925年1月5日，经协和医院德、美7位医师会诊，决定以药针治疗。但经过半月诊治，病情仍毫无起色。1月20日以后，孙中山的病势严重。5天以后，孙中山竟不能进食，一进食即作呕，体温越来越高，脉搏越来越快。

经医生会商，众人认为有立即移住医院施手术的必要，因此同孙中山的家属和其他党政要人协商，由宋庆龄劝孙中山入院开刀。协和医院医生检查了孙中山的身体后，决定立即开刀，结果证实是肝癌。当天晚上，德、美、俄三国医生切片检查，也证明是癌症的末期，且癌细胞已四处蔓延，无法进行治疗。以当时的医疗水平来看，确实是无药可治。29日，医生报告孙中山体温正常，脉搏和缓，这证明开刀后情况良好，不过癌症本身仍难医治。

1925年2月12日，眼见西医治疗无效，国民党元老张静江建议改服中药。宋庆龄和孙科及侍疾同志都请孙中山准予改用中医。孙中山认为在协和医院吃中药不妥，如果必须用中药，唯有迁出医院。18日，孙中山自协和医院移居铁狮子胡同，由当时著名的中医陆仲安诊视。

留下遗言

2 月 20 日，孙中山病笃，医生认为挽救的希望很小，不如趁他还清醒的时候，请示遗言。这时孙中山虽然气息奄奄，可是神智很清楚。于是，追随孙中山北上的众人推汪精卫、孙科、宋子文、孔祥熙为代表，面见孙中山。见到汪精卫等人在病榻旁欲言又止，孙中山问道："你们有什么话要对我说，不妨说吧！"

汪精卫委婉地说："当 1 月 26 日先生进住协和医院时，同志们都责备我们，为什么不请先生留下一点教诲，以资遵循。先生如果早日康痊，这些教诲也是我们的典范。先生虽然有力量抵抗病魔，我们也愿意替先生分忧。今天先生精神颇好，正该留下一些教诲，让同志们受用。"

孙中山听了，沉默了一会儿，然后郑重地说："如果我的病痊愈，我要说的话很多，待我先赴温泉休养，静静地想一想，以后再讲给你们。万一我死了，就由你们去做吧！"四人又强调国民党正遭遇一个变局，如果党的领袖没有一个指导方针，大家很难有所抉择。孙中山听了后默然良久，说："我现在要说的话很多。本党周围都是敌人，我死之后，这些敌人不会放过你们的，他们或许使用其他方法使你们软化，前途确实危险，我不说也好，因为如此你们较容易应付未来的环境。"他说这些话时似乎显得很吃力，汪精卫连忙贴近病榻说："我们追随先生奋斗数十年，从不畏惧危险，也从不让敌人软化。凡是革命同志都能遵从先生的教训，不会逃避危险和死亡。先生教导我们这么多年，定能信任我们。"孙中山闭目听完，说："我著的书不是很多吗？各同志可以好好念念。"汪精卫答："我们还是求先生留几句话下来。"孙中山问："你们要我说些什么？你们有没有替我考虑？"汪精卫说："我们已经预备了一份稿子，请先生核定，现在我念给先生听，如果不合您的意思，就请您指示数语，我可笔记。"孙中山睁开眼睛说："好，就念给我听吧。"

汪精卫就把已草就的稿子念了出来，这就是众人所熟知的孙中山遗嘱。孙中山听完极为满意。汪精卫等人又拿出第二稿，是留给家人的，由宋子文向孙中山报告，并由汪精卫念给他听："余因尽瘁国事，不治家产。其所遗之书籍、衣物、住宅等，一切均付吾妻庆龄以为纪念。余之儿女已长成，能自立，望各自爱，以继余志。此嘱。"孙中山也感到很满意，汪精卫本想开门取笔墨请孙中山签字，这时宋庆龄在房外哭得很厉害，孙中山听到了哭声，就对汪精卫说："你先收好，我还不至于就死，改天再签字吧！"

此后，孙中山的病情更加恶化，全身浮肿，至 3 月 10 日，孙中山身边的医生已经束手无策。3 月 11 日上午，守候在医院的何香凝见孙中山的瞳孔已经开始散光了，就叫汪精卫把遗嘱拿出来签字。大家怕宋庆龄再度悲泣，使孙中山不忍签字，何香凝就把情况对宋庆龄进行了说明。宋庆龄说：“已经到了这个时刻，我不但不阻止你们，还要帮助你们。”大家走到榻前请示，宋庆龄含着泪，抬起孙中山颤抖得不能自持的手腕，执钢笔在三份遗嘱书上签字。此时，孙中山的英文秘书陈友仁送上一份由他和鲍罗廷起草的致苏俄遗书英文稿，由宋子文读给孙中山听。遗书表达了对苏联的敬意，希望国民党在民族革命运动中与苏俄“合力共作”。这一体现孙中山“中俄合作”思想的文件，最终也由孙中山签字。

3 月 11 日，医生认为病人太辛苦，不宜再消耗精力，便把所有人员请出病房。当天晚上 6 时半，孙中山又苏醒一次，手足已经变冷，且已不能讲话。这时孙中山似乎又想说话，宋庆龄听出来是呼唤汪精卫，就把汪精卫叫到床前。汪精卫靠近孙中山的病榻，只见他嘴唇在动，已不能说话了。第二天清晨，弥留之际的孙中山还在断断续续地说：“和平，奋斗，救中国。”

1925 年 3 月 12 日 9 时 30 分，中国民主革命的先驱、一代伟人孙中山的心脏停止了跳动，享年 59 岁。

孙中山逝世当天，段祺瑞政府发布下半旗致哀令，并决定拨专款作为孙中山先生的安葬费。此后数日，驻北京的苏联大使，以及德国、英国、比利时、丹麦、法国、荷兰、西班牙、瑞典、葡萄牙等国公使，都亲临吊唁，不少国家的政府或友好人士发来唁电。

1925 年 3 月 13 日，苏联共产党、第三国际分别给中国国民党发来唁电，对孙中山先生的病逝表示哀悼，愿先生开创的革命事业不朽。

孙中山逝世后，治丧处经过决议，打算长期保存遗体，以供大家瞻仰。4 月 2 日上午，孙中山的灵柩由中央公园出发，送殡的人达到 30 万，还有 2 万多人一直追随灵柩，从西直门步行到碧云寺，其中不少是青年学生和工人。宋庆龄头罩黑纱，身穿黑色夹袍，着黑鞋，乘一辆由两匹马牵引的黑车，跟随在孙中山灵车之后。孙中山的灵柩暂厝于西山碧云寺的金刚宝塔内。

弥留之际，孙中山曾说：“吾死之后，可葬于南京紫金山麓，因南京为临时政府成立之地，所以不可忘辛亥革命也。”1926 年 6 月 1 日，国民政府在钟山第二峰茅山南麓开工修建孙中山陵墓，于 1929 年春完工。1929 年 5 月 26 日，孙中山先生灵柩由北平南移。28 日，灵柩抵达南京，停灵公祭至 31 日。6 月 1 日，在南京紫金山中山陵园举行奉安大典，灵柩由其夫人宋庆龄和儿子孙科及党政要人护入墓室。各国使节、各界群众前往送殡，队伍长达 3 千米。

孙中山是中国民主革命的先行者，为改造和建设中国耗尽毕生的精力，建立了不可磨灭的功勋，他将永远被中国人民怀念！